Edición De Diseños De Animales
De Alivio De La Tensión

ANIMALES ELEGANTE

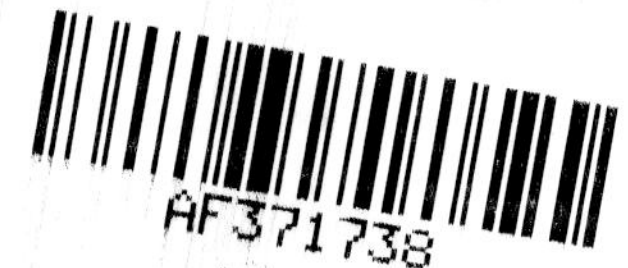

Coloring Bandit

Publicado por Speedy Publishing Canada Limited

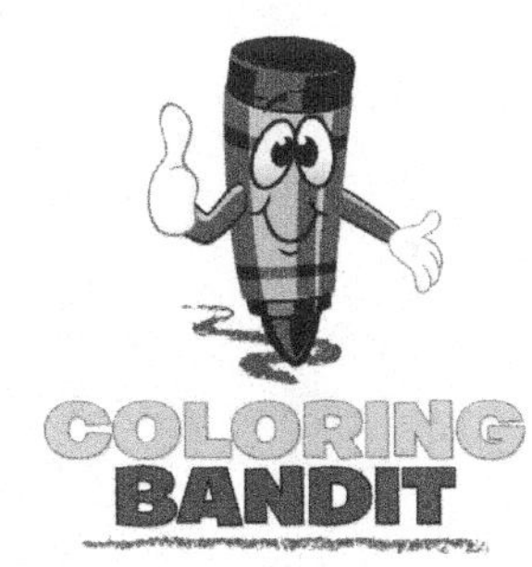

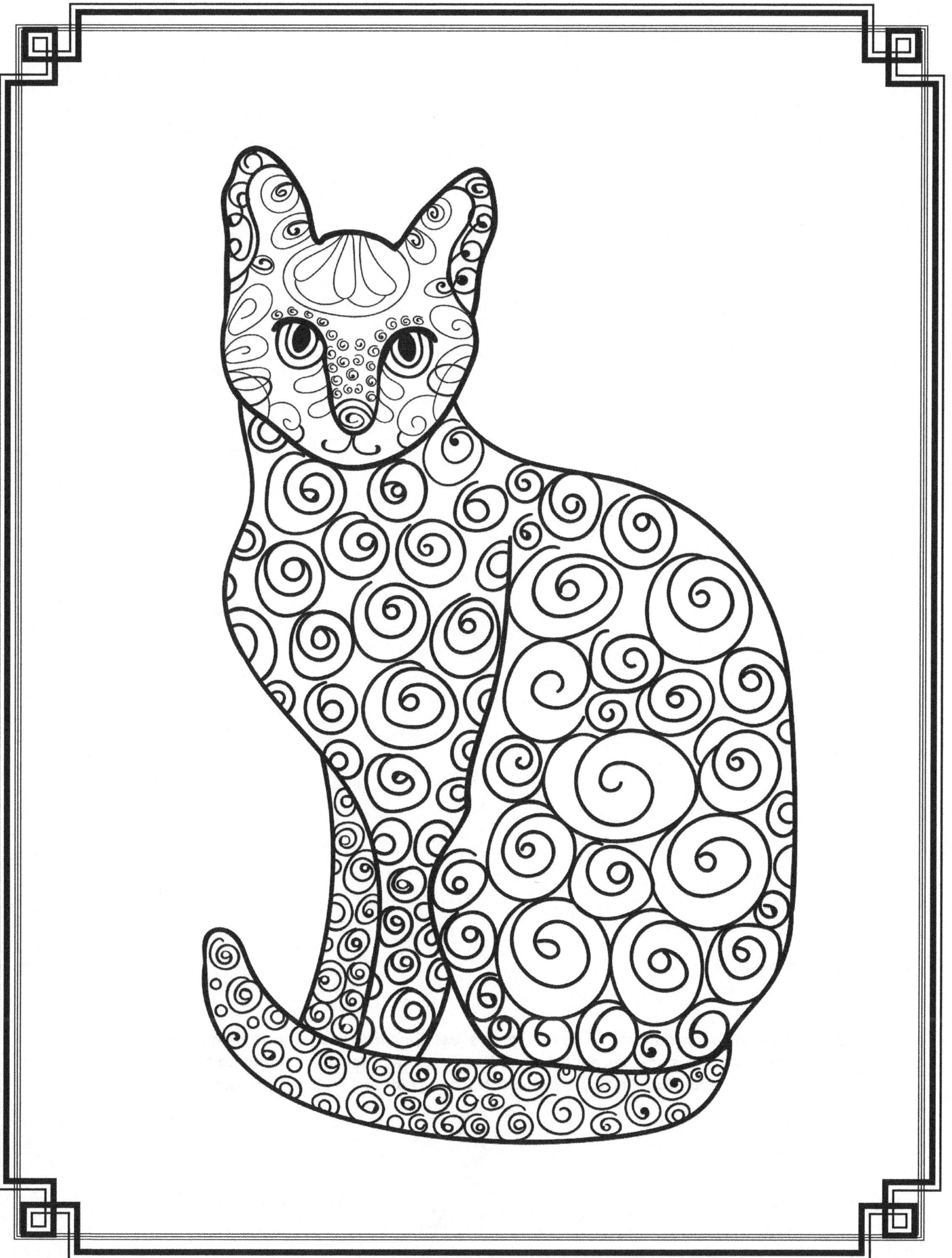

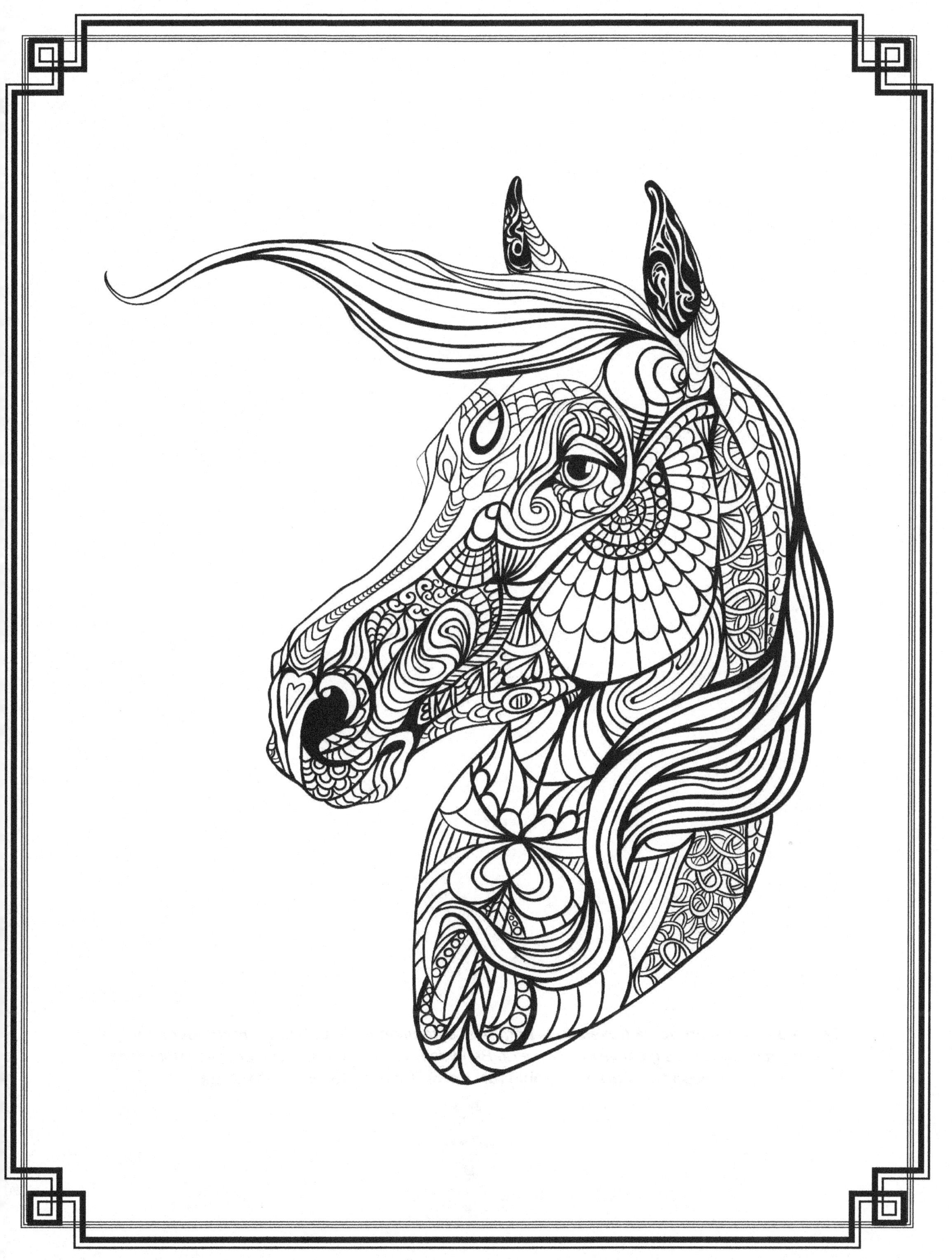

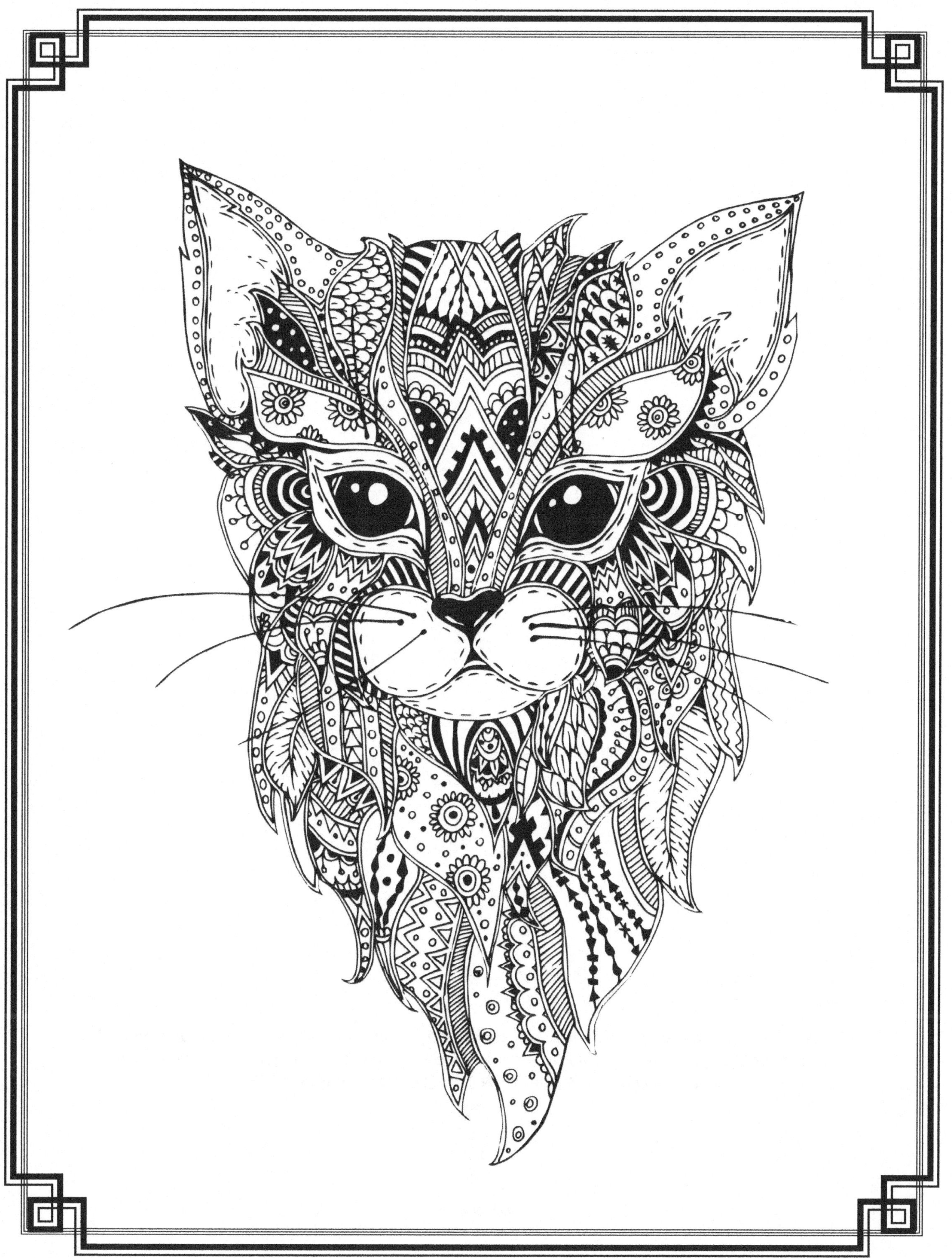

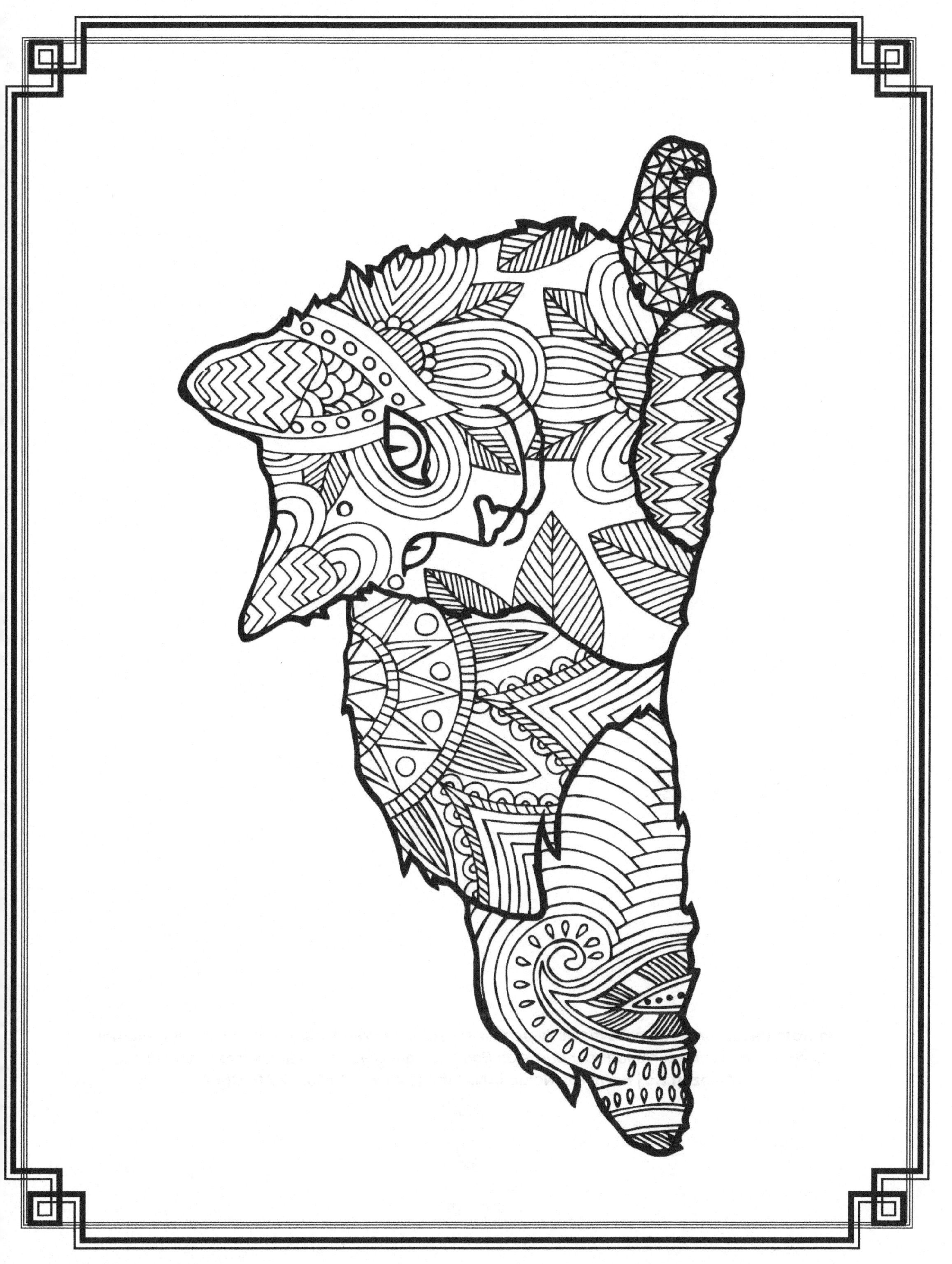

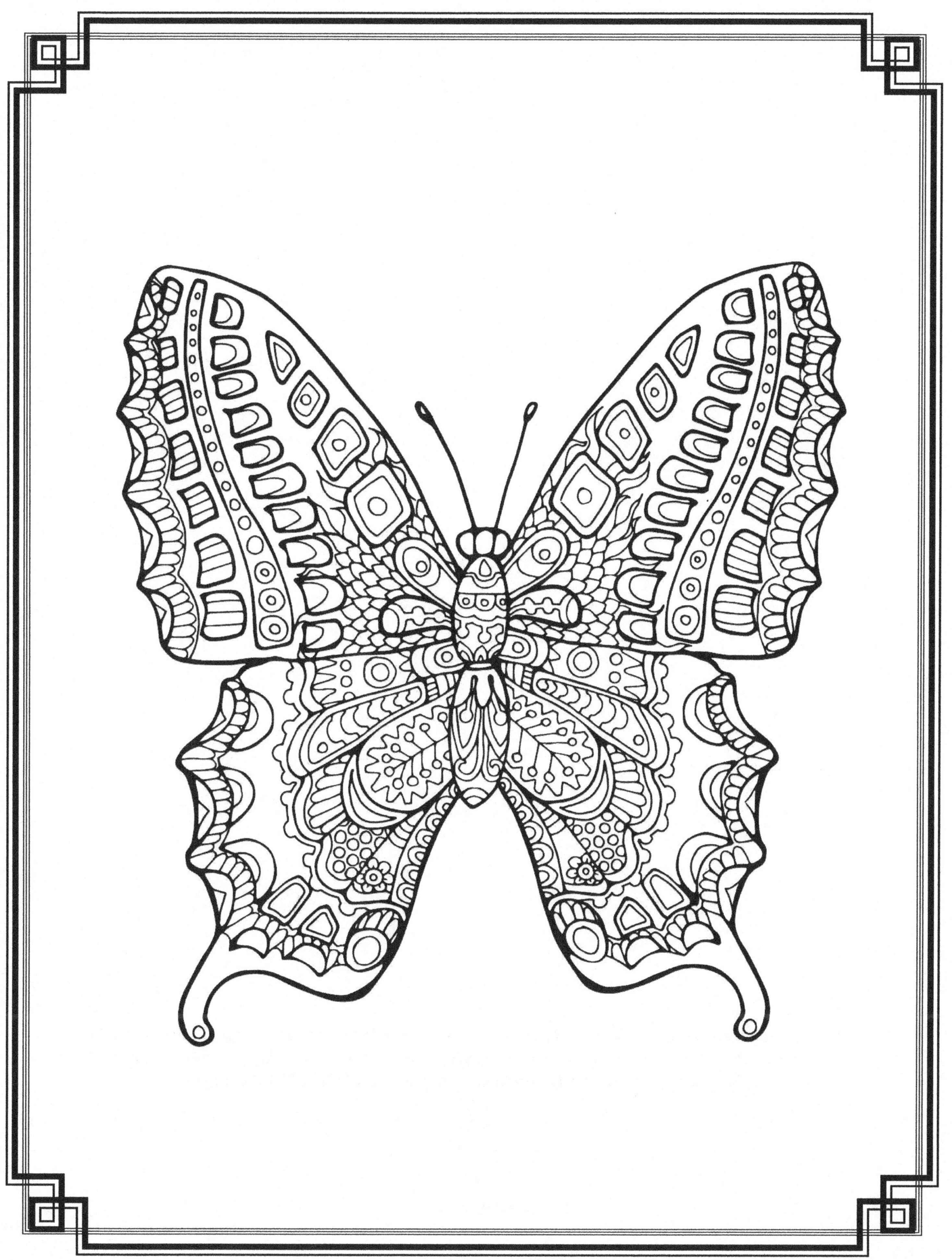

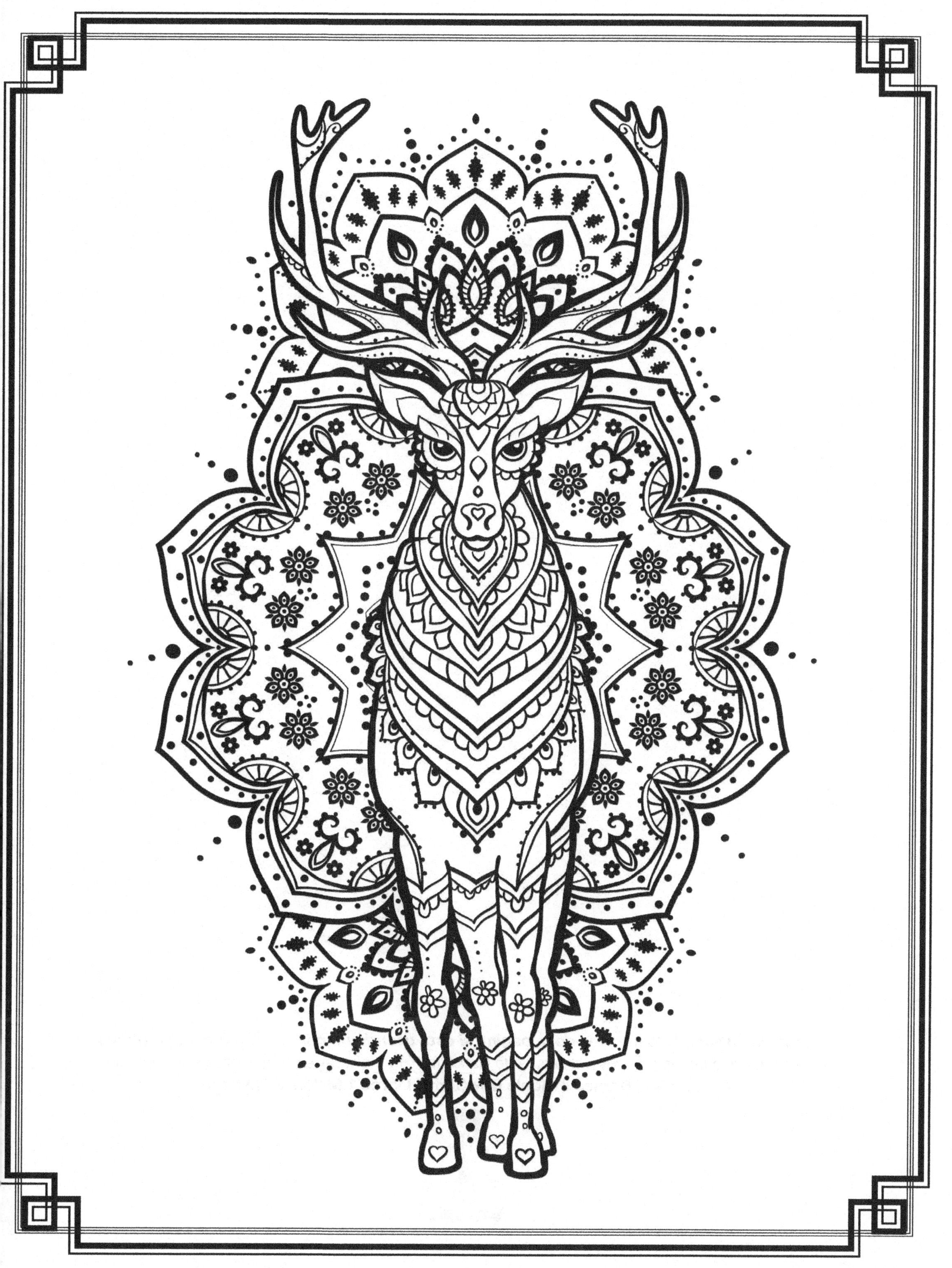

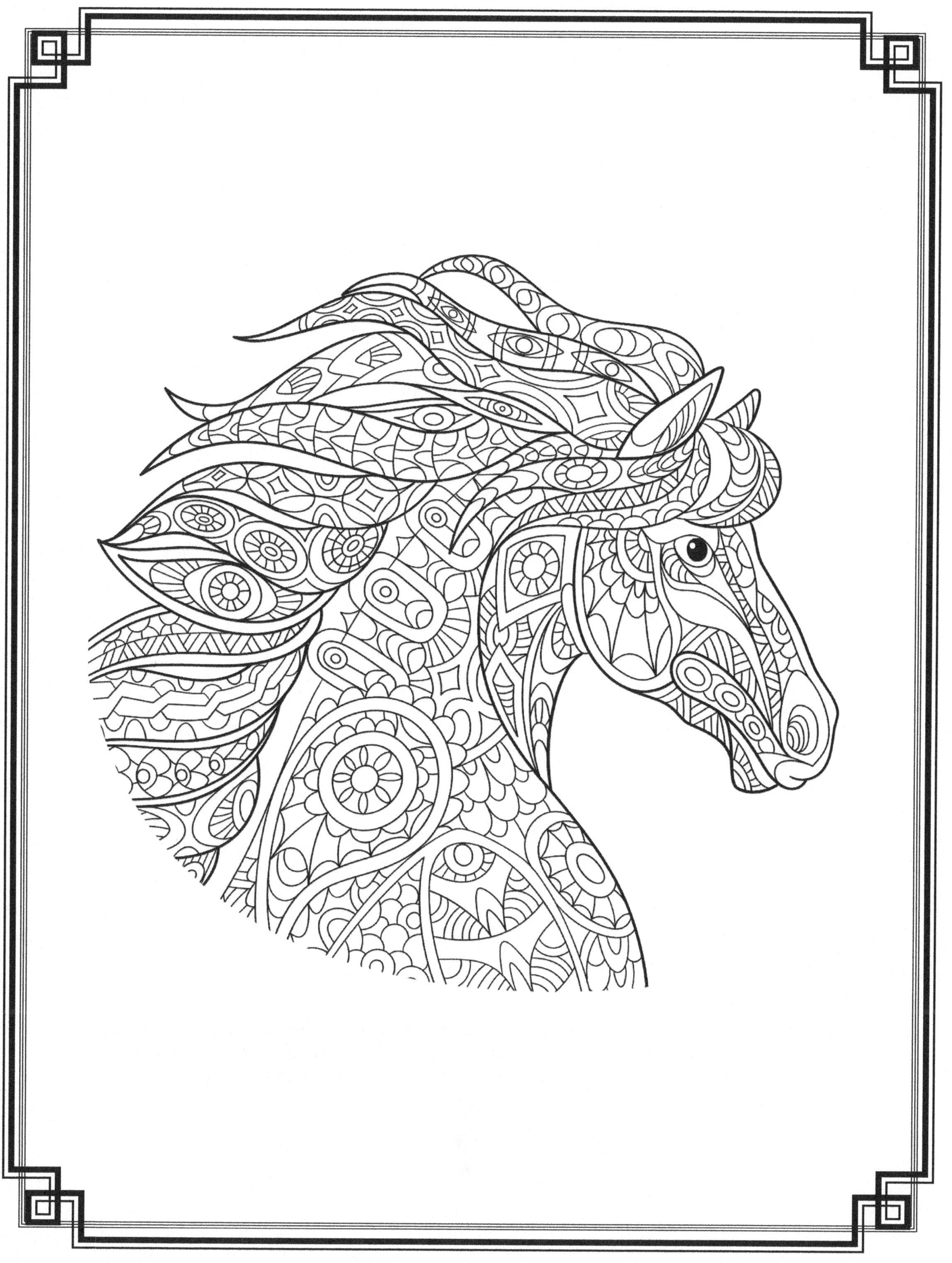

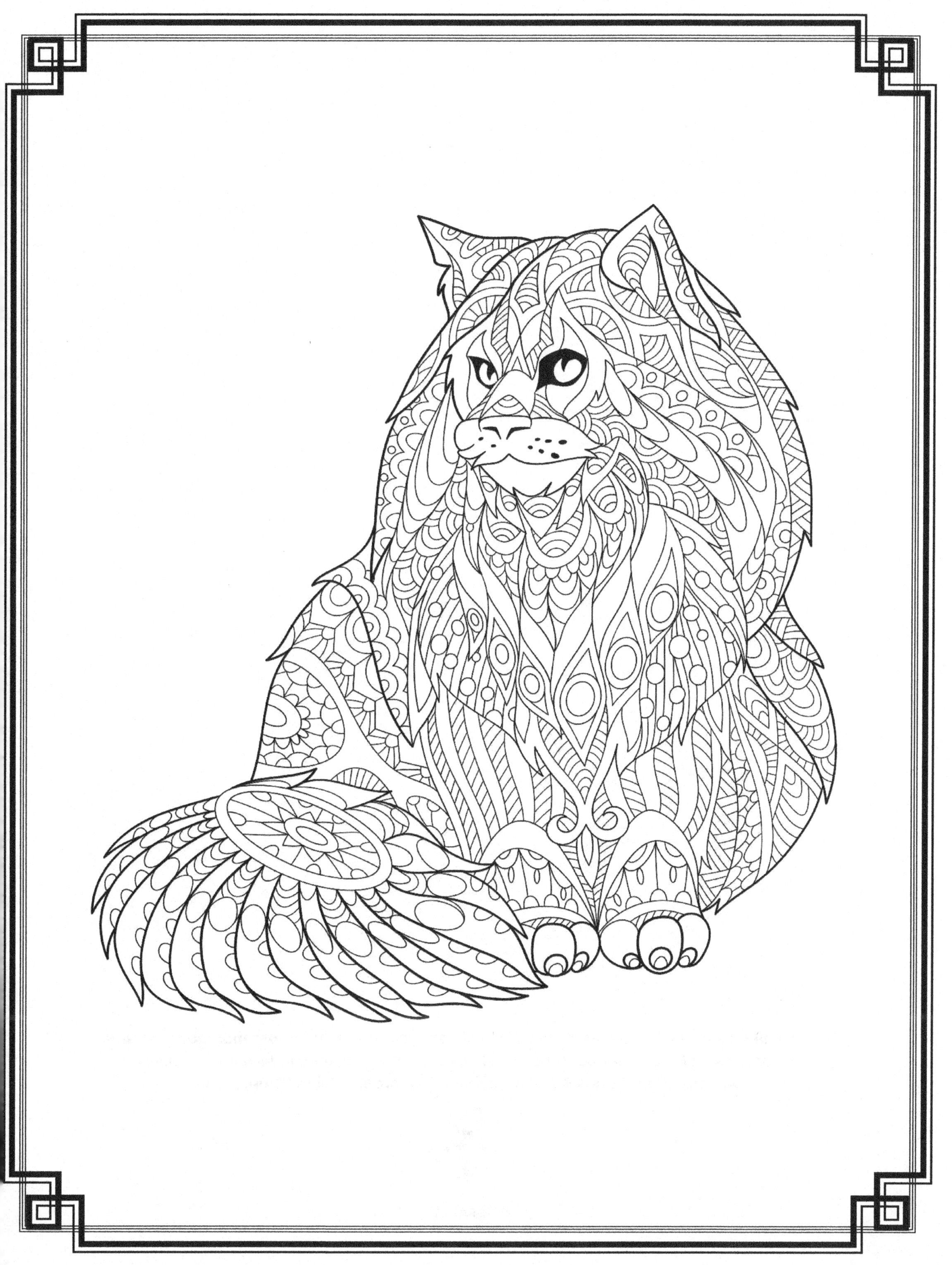

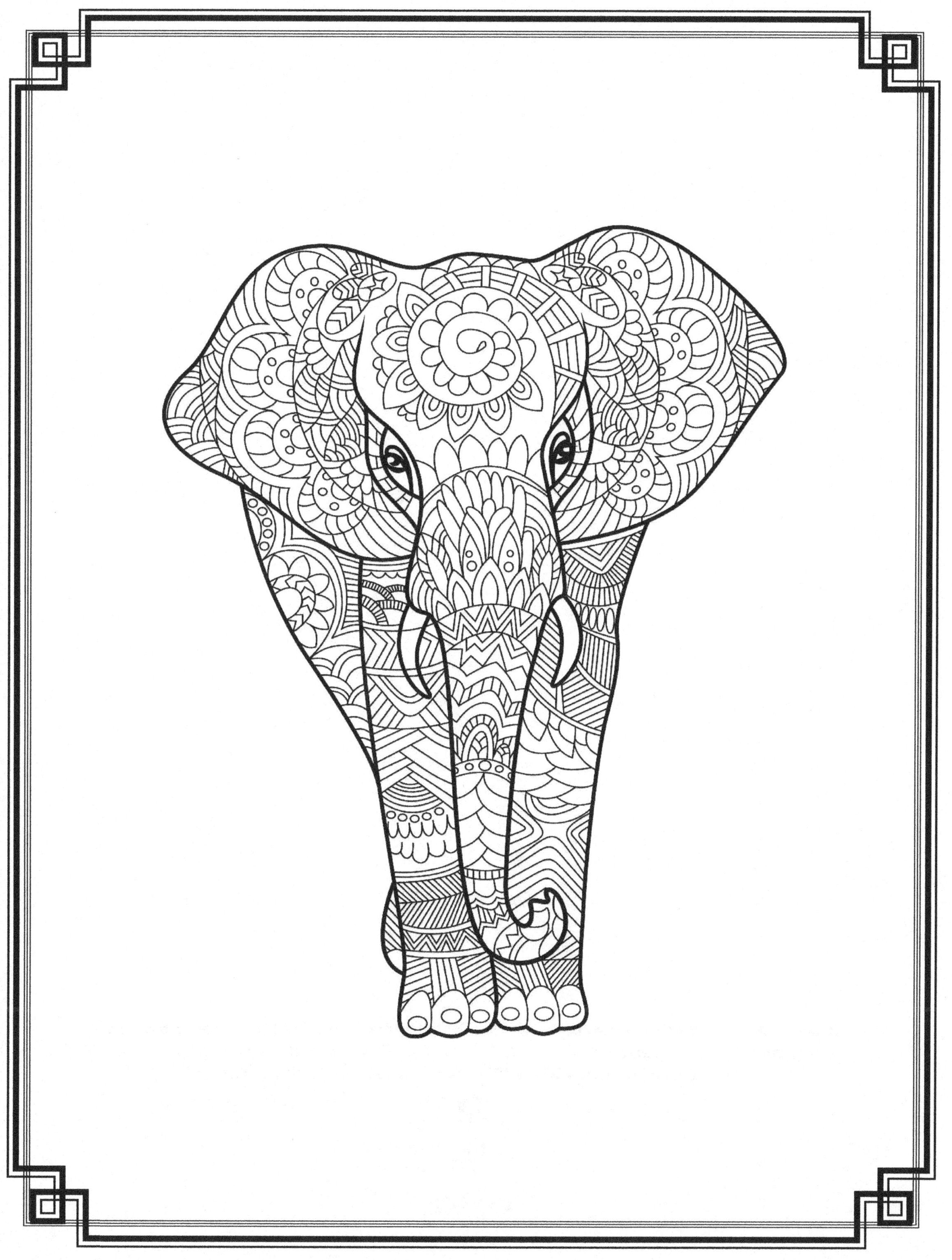

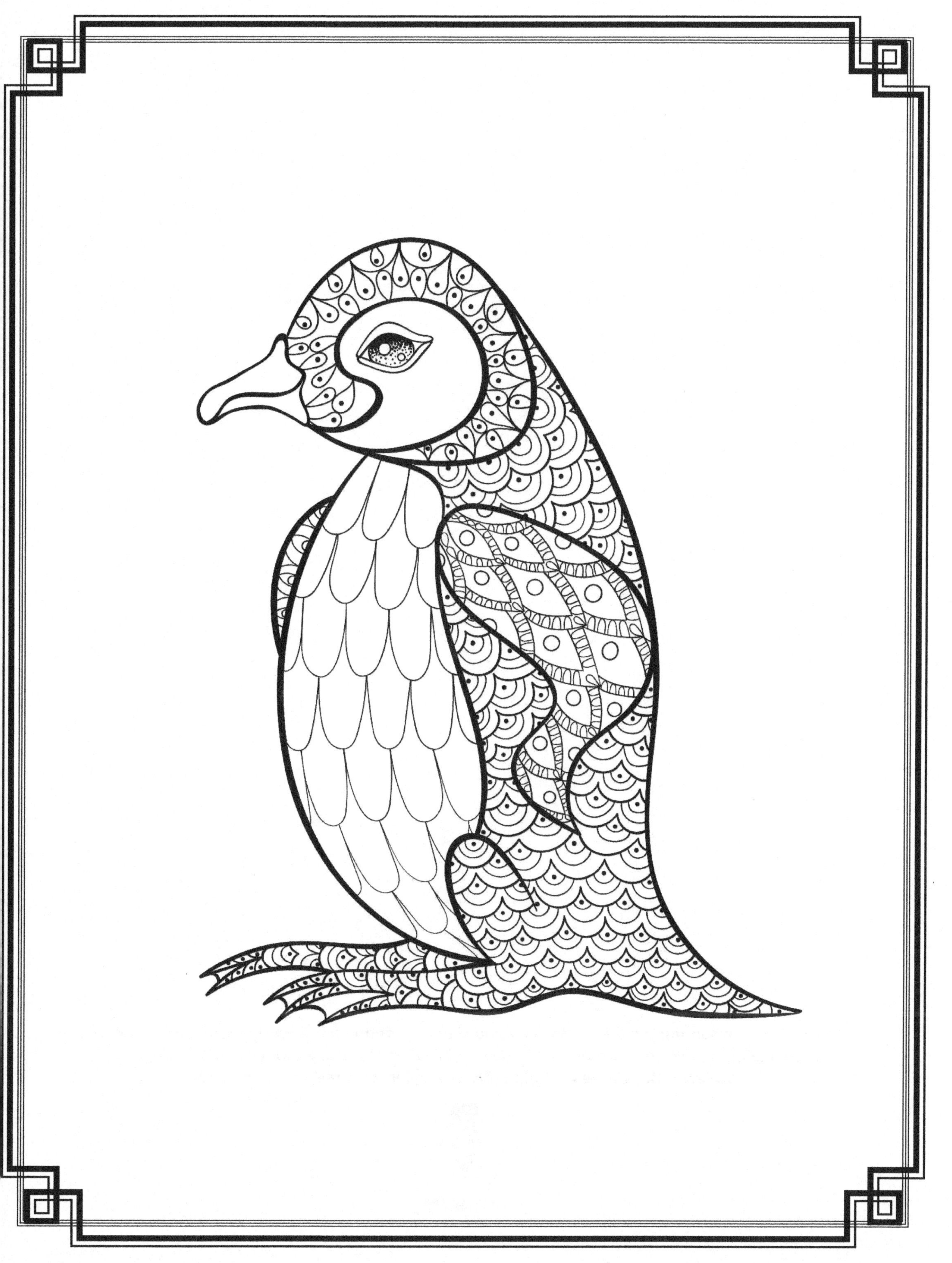

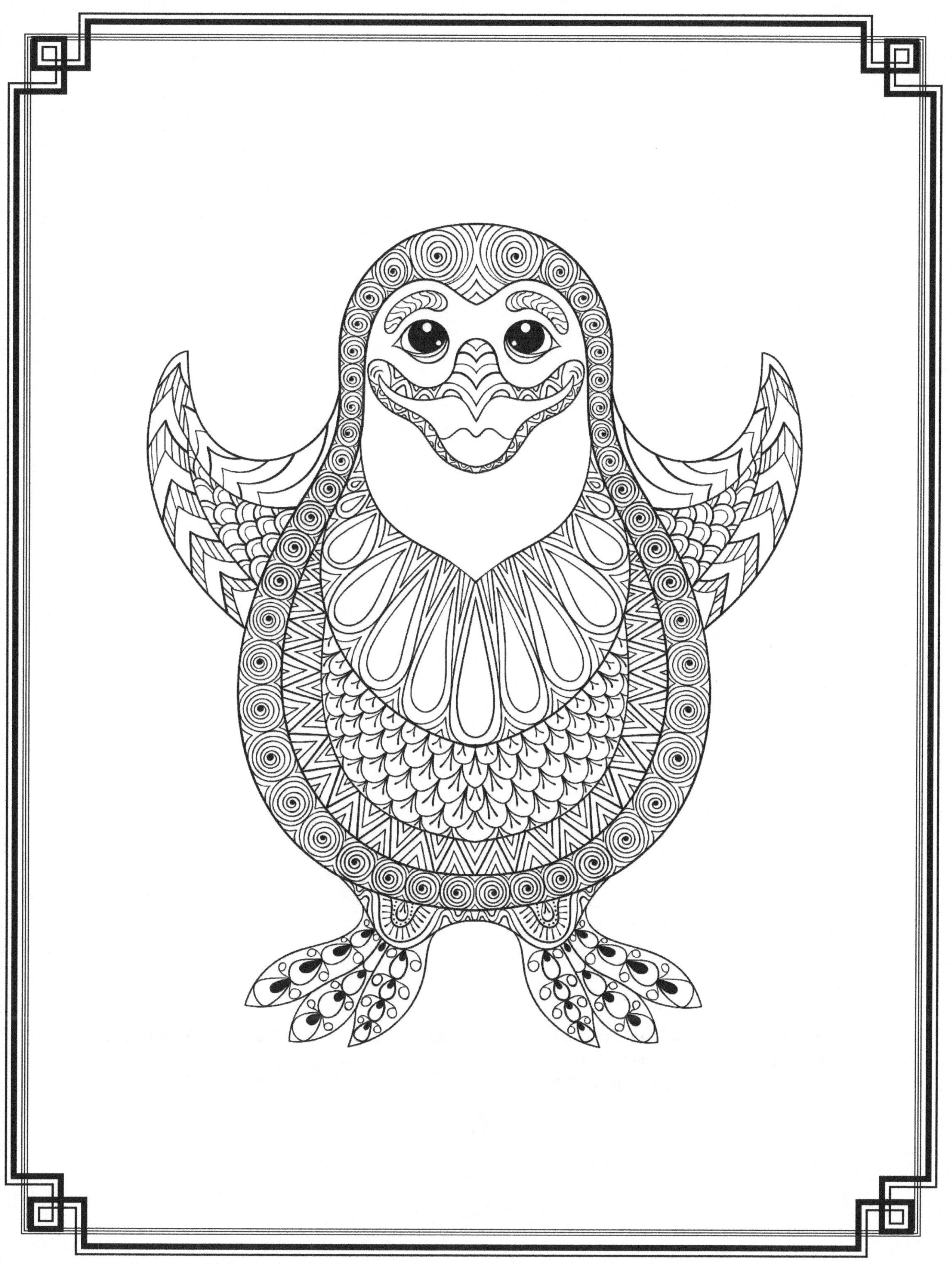

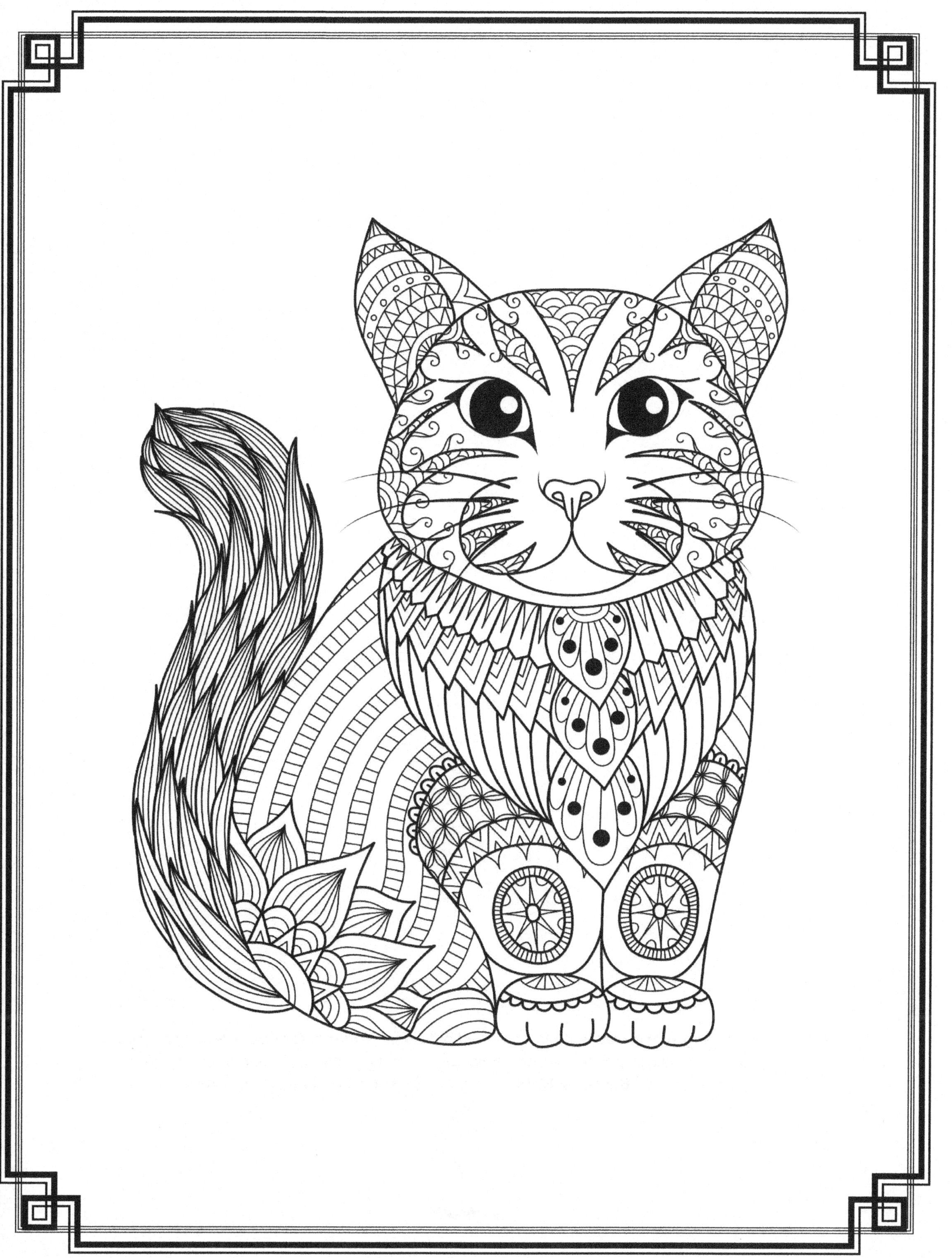

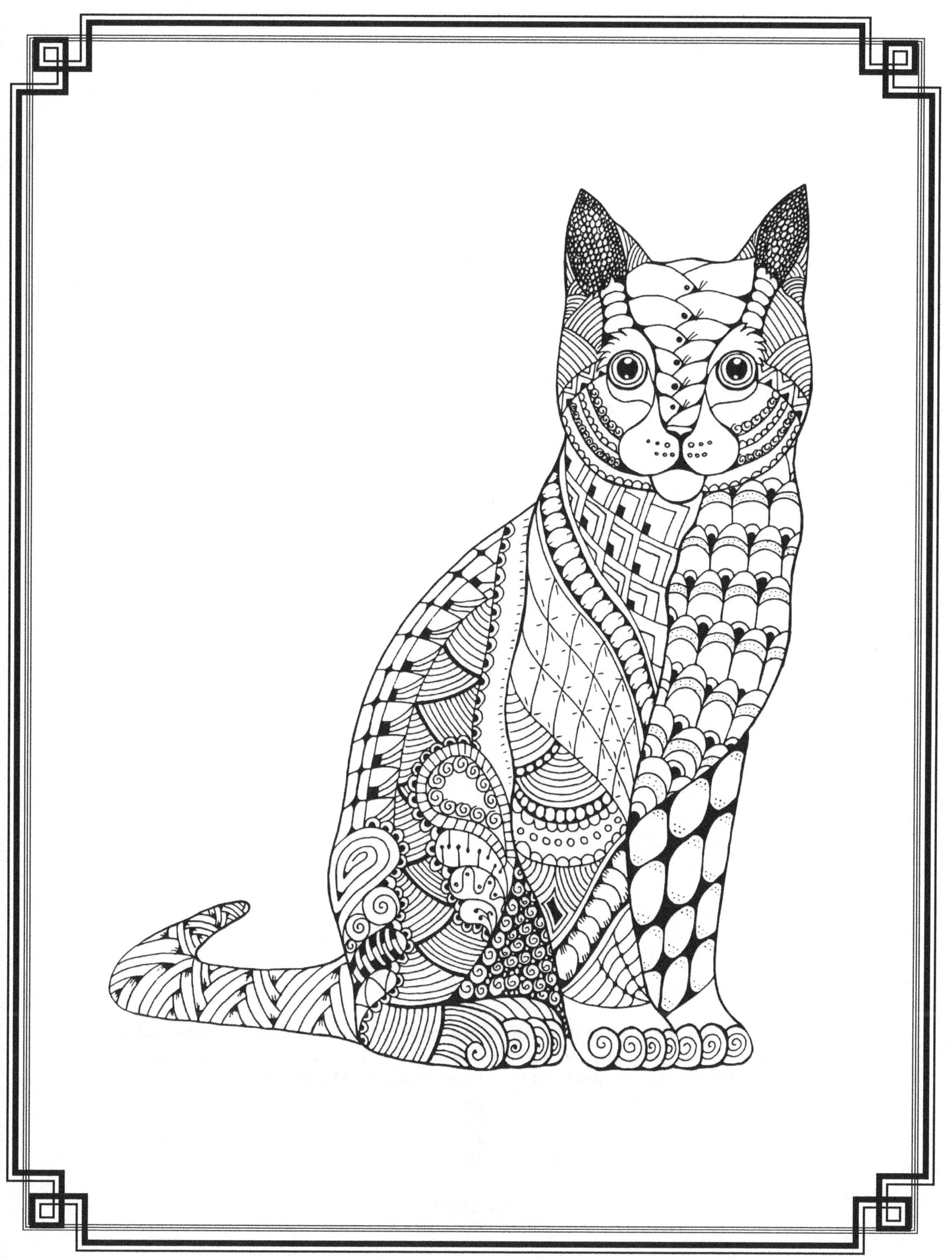

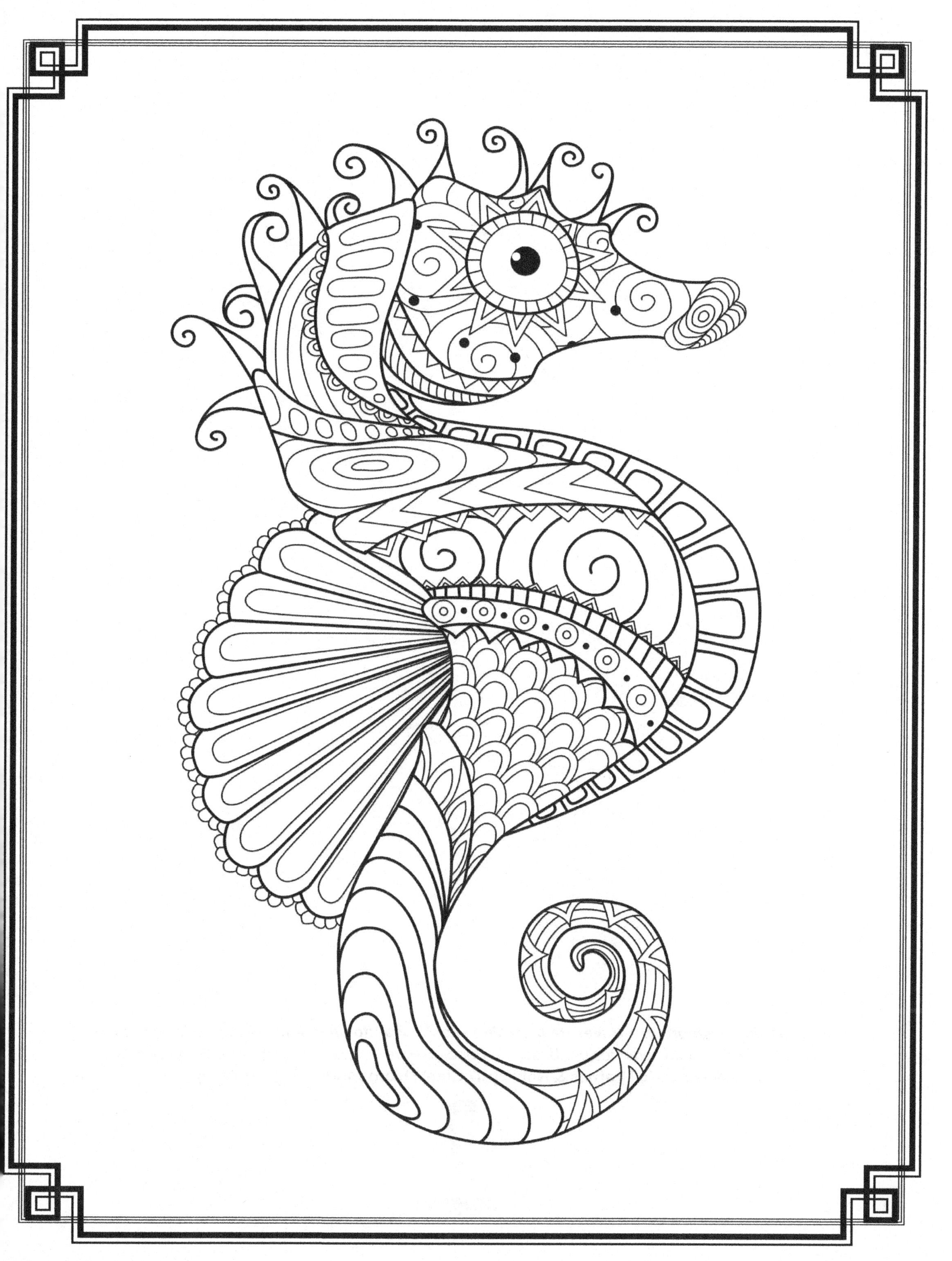

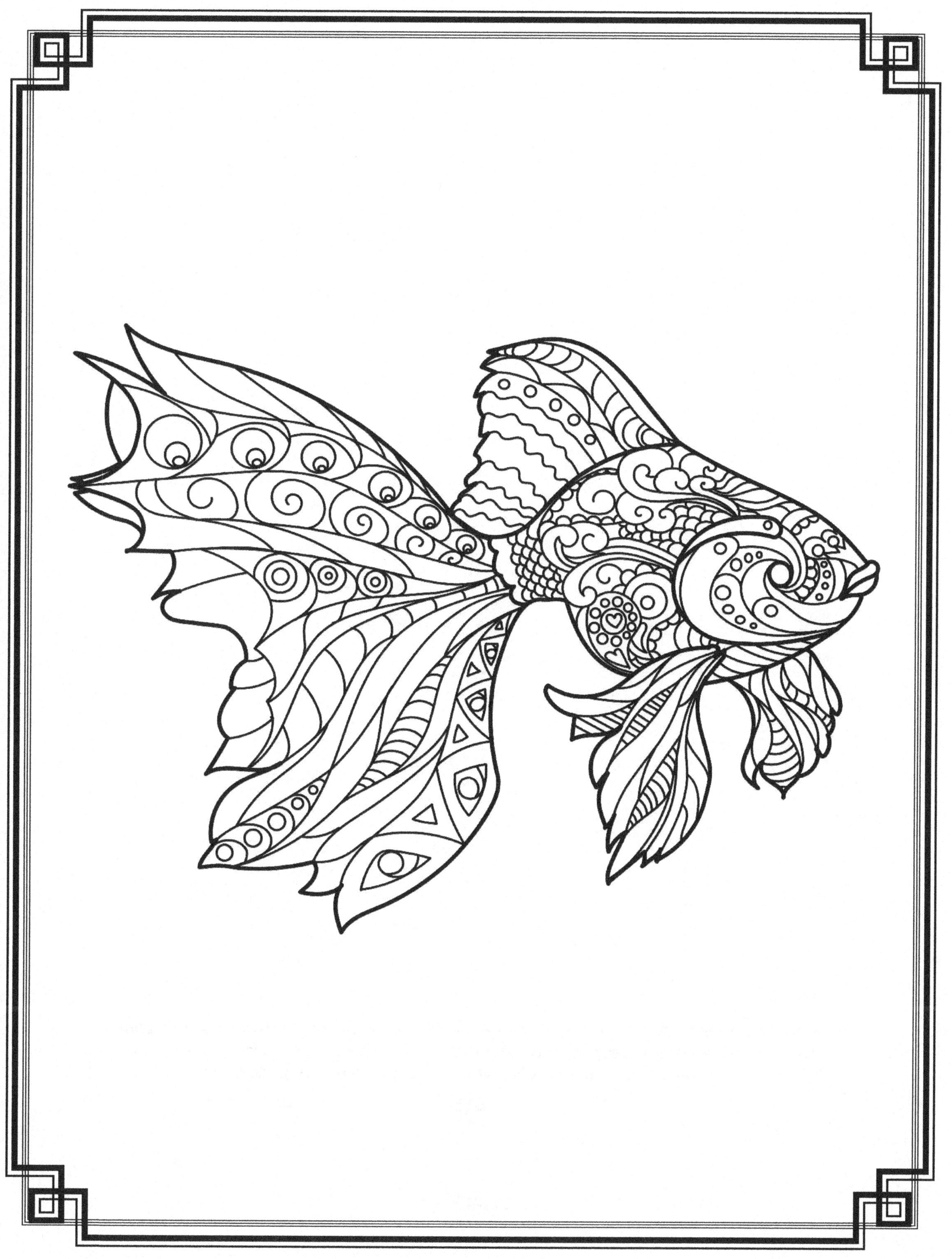

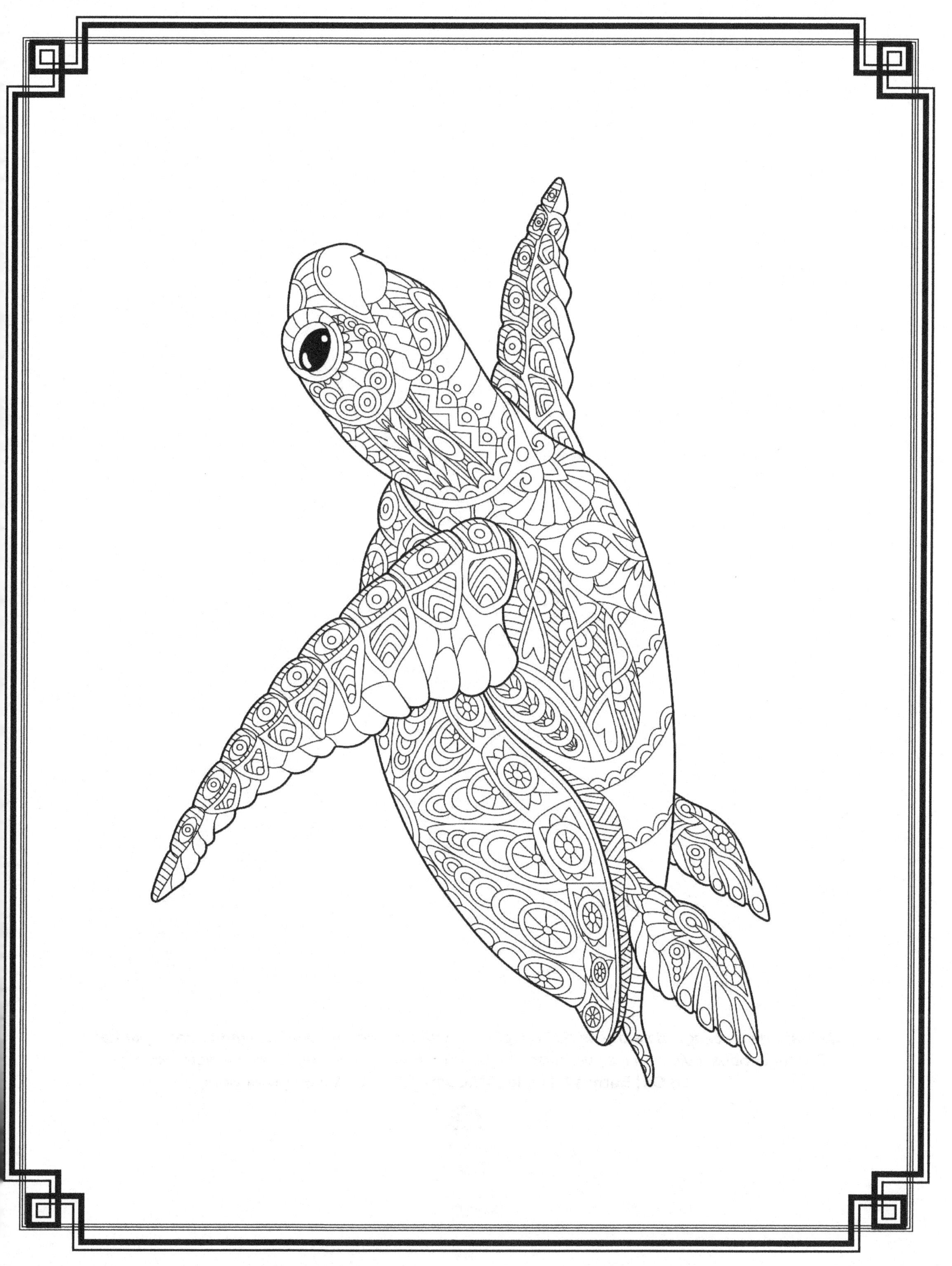

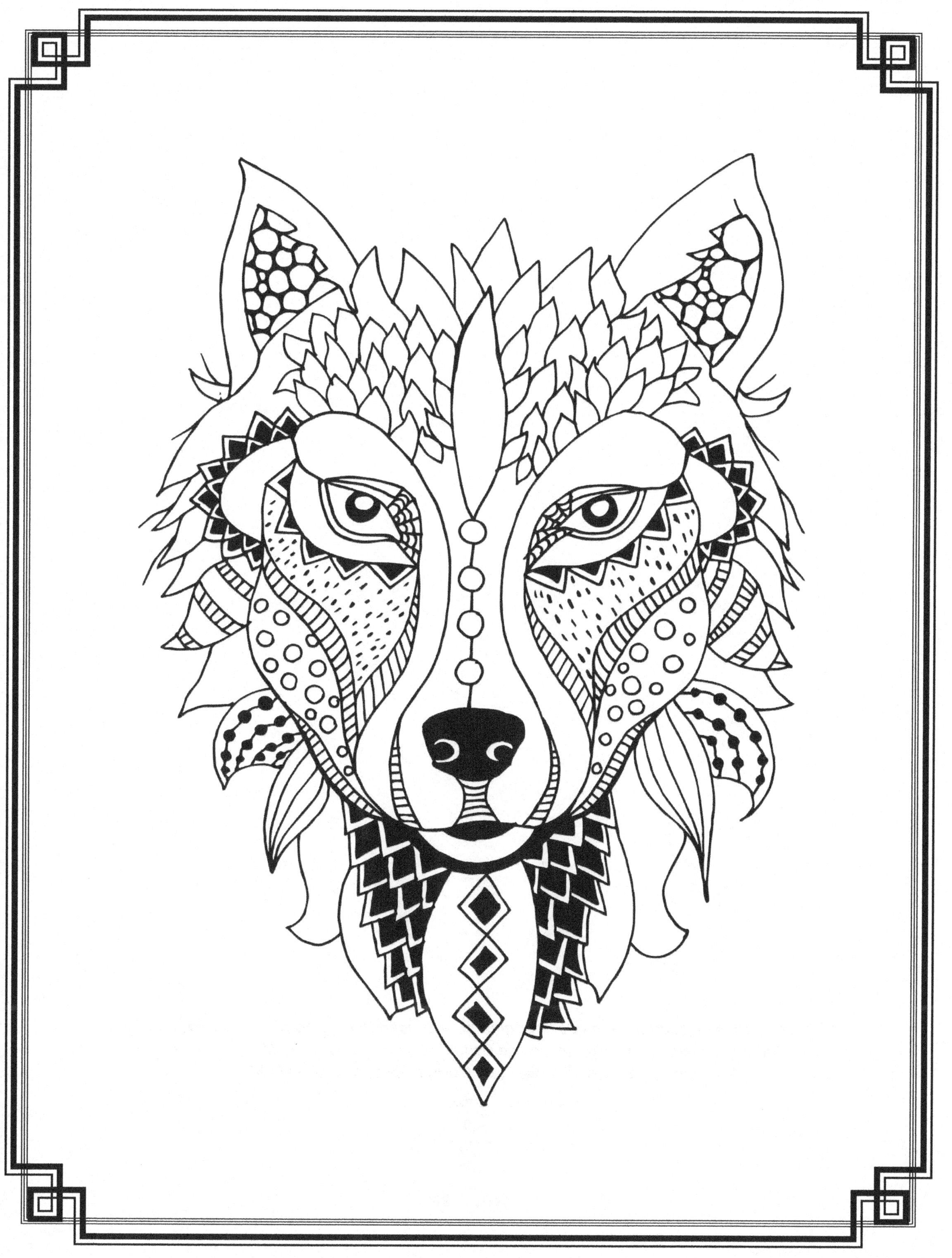

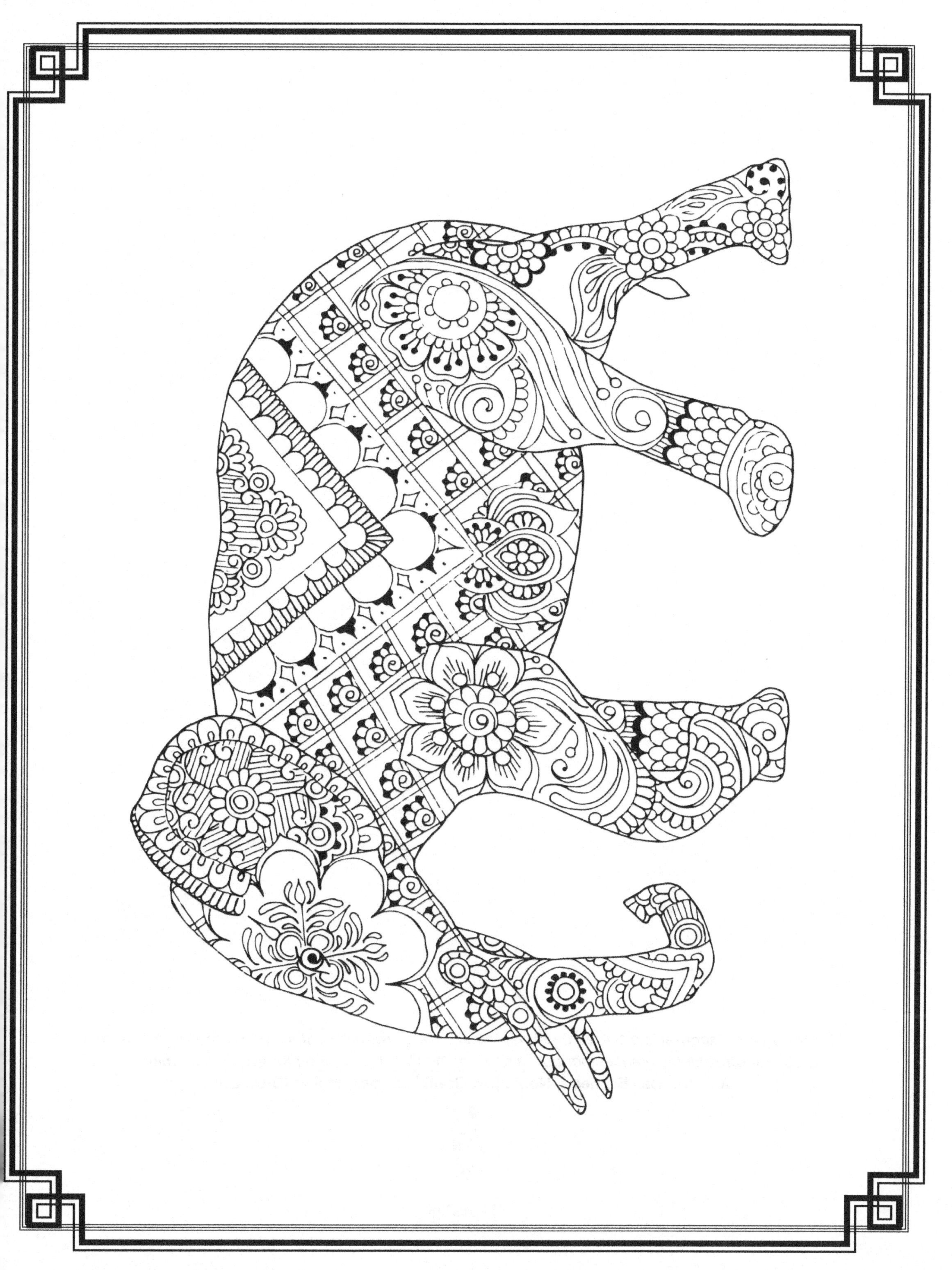

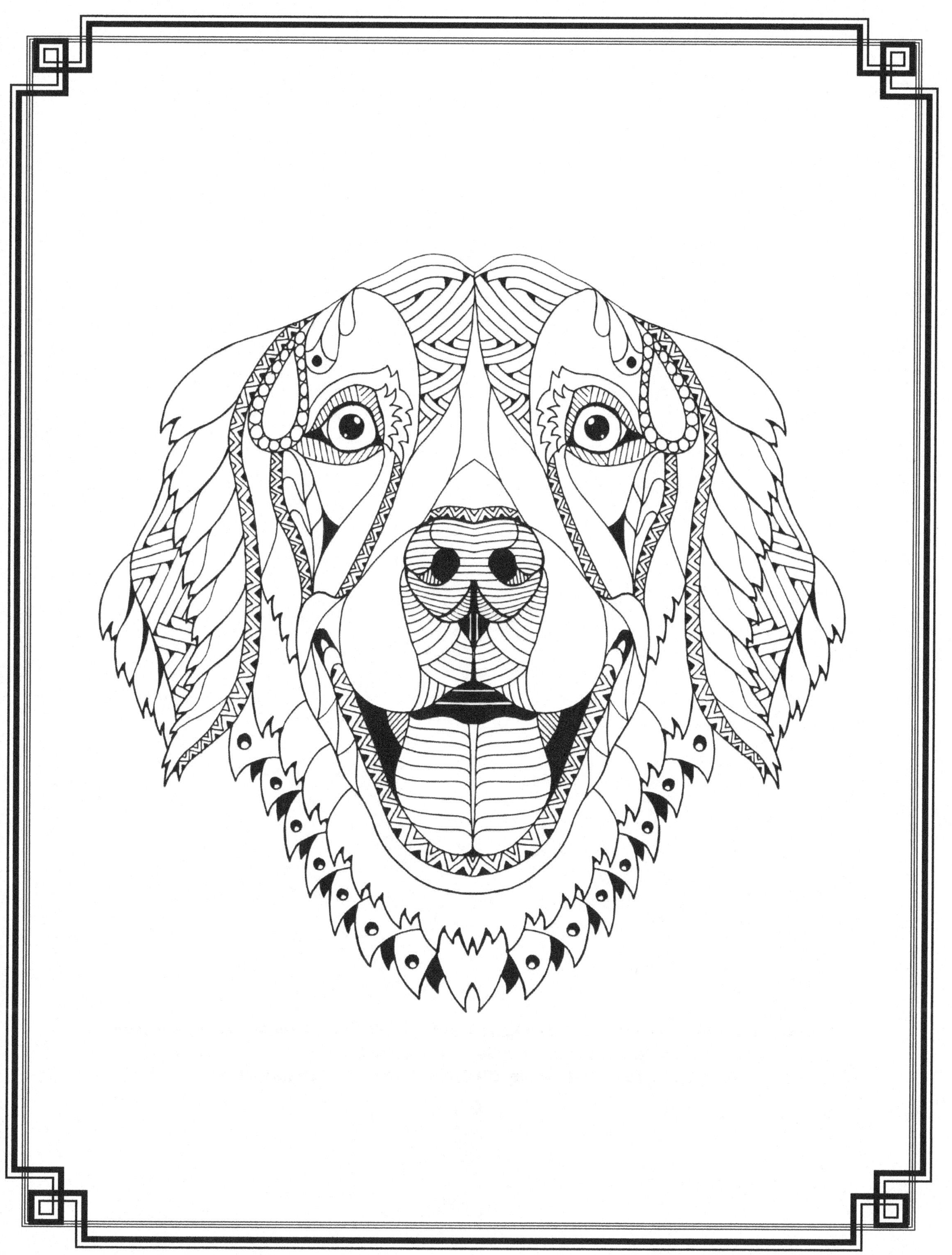

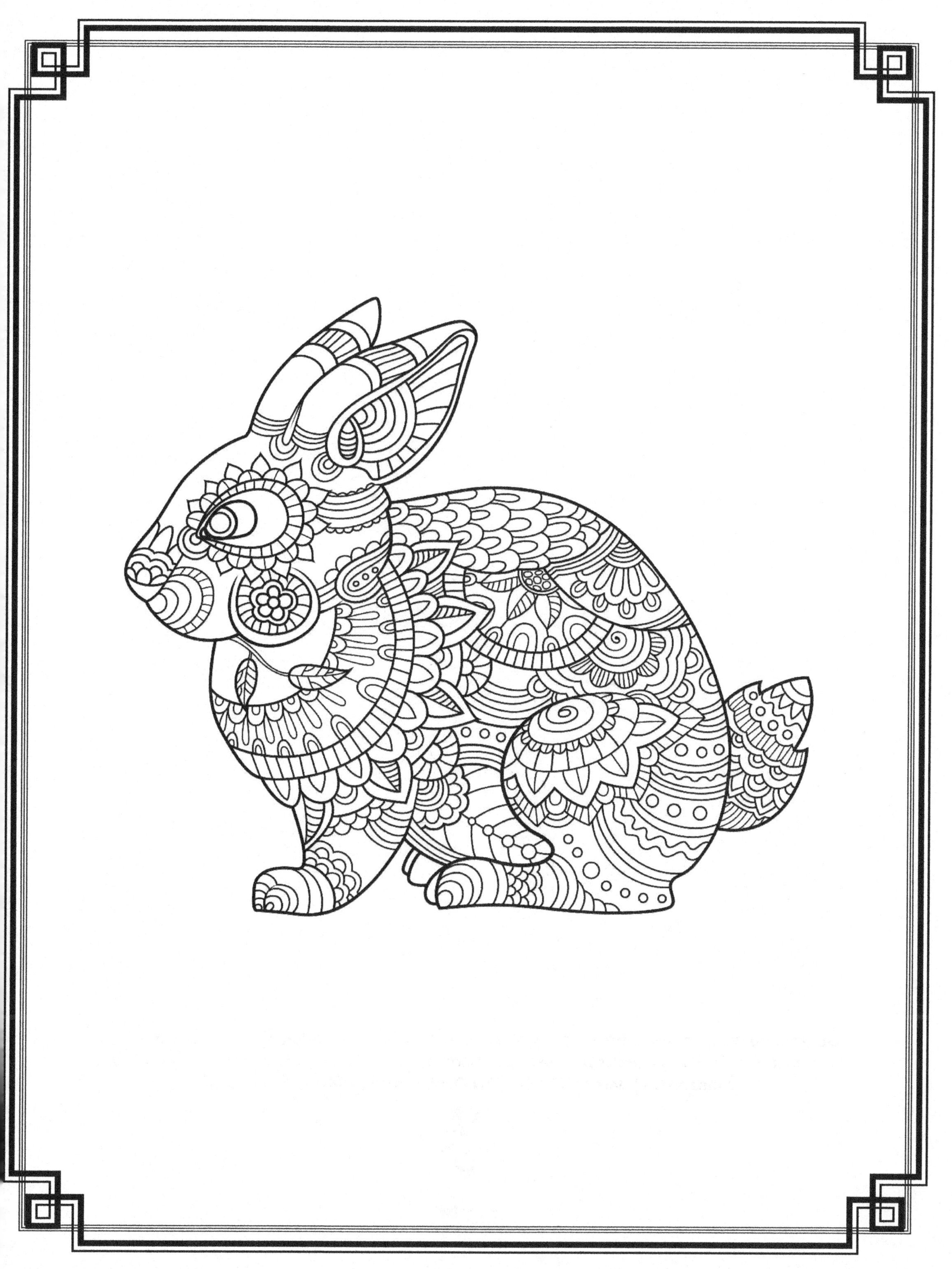

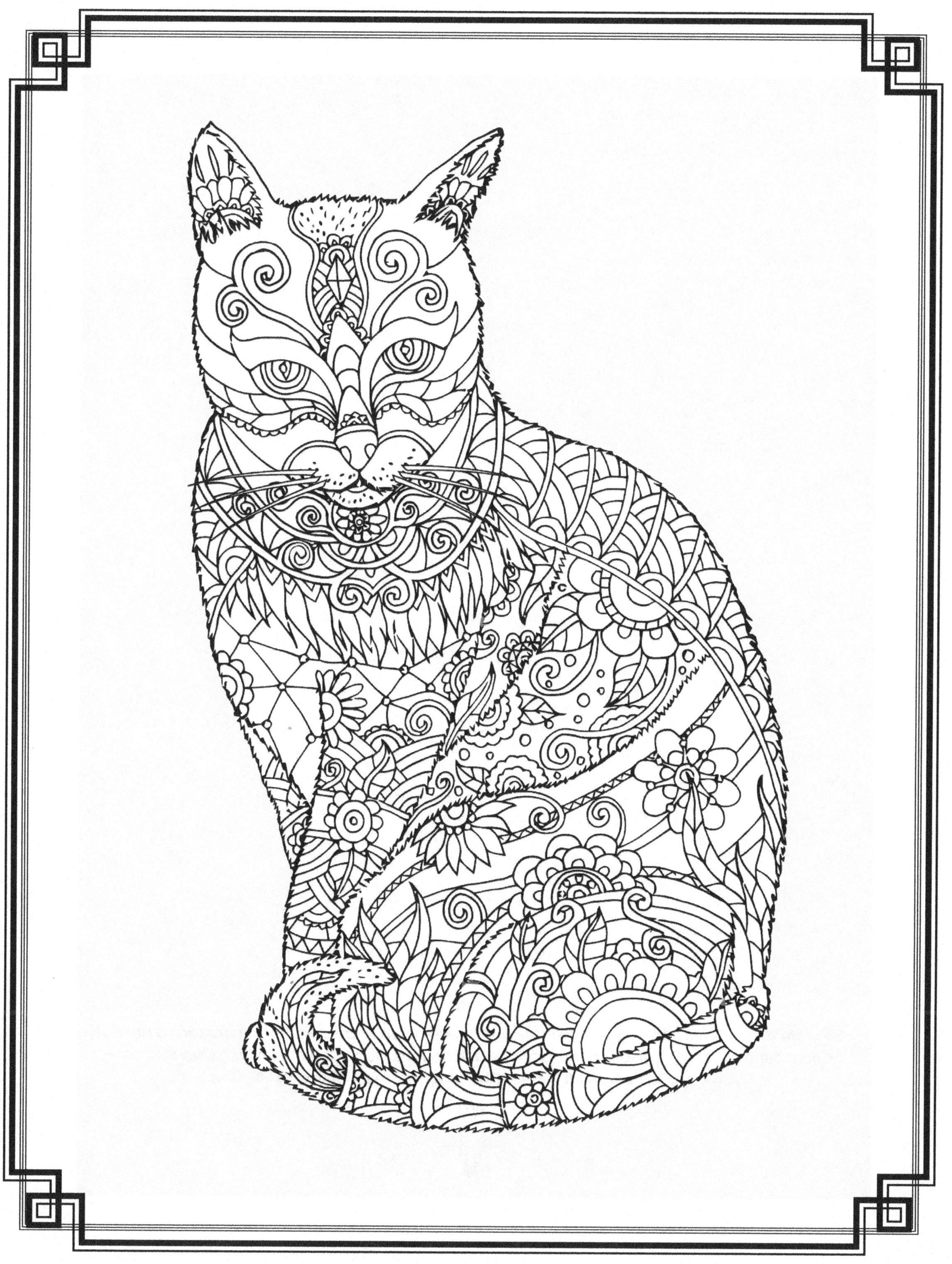

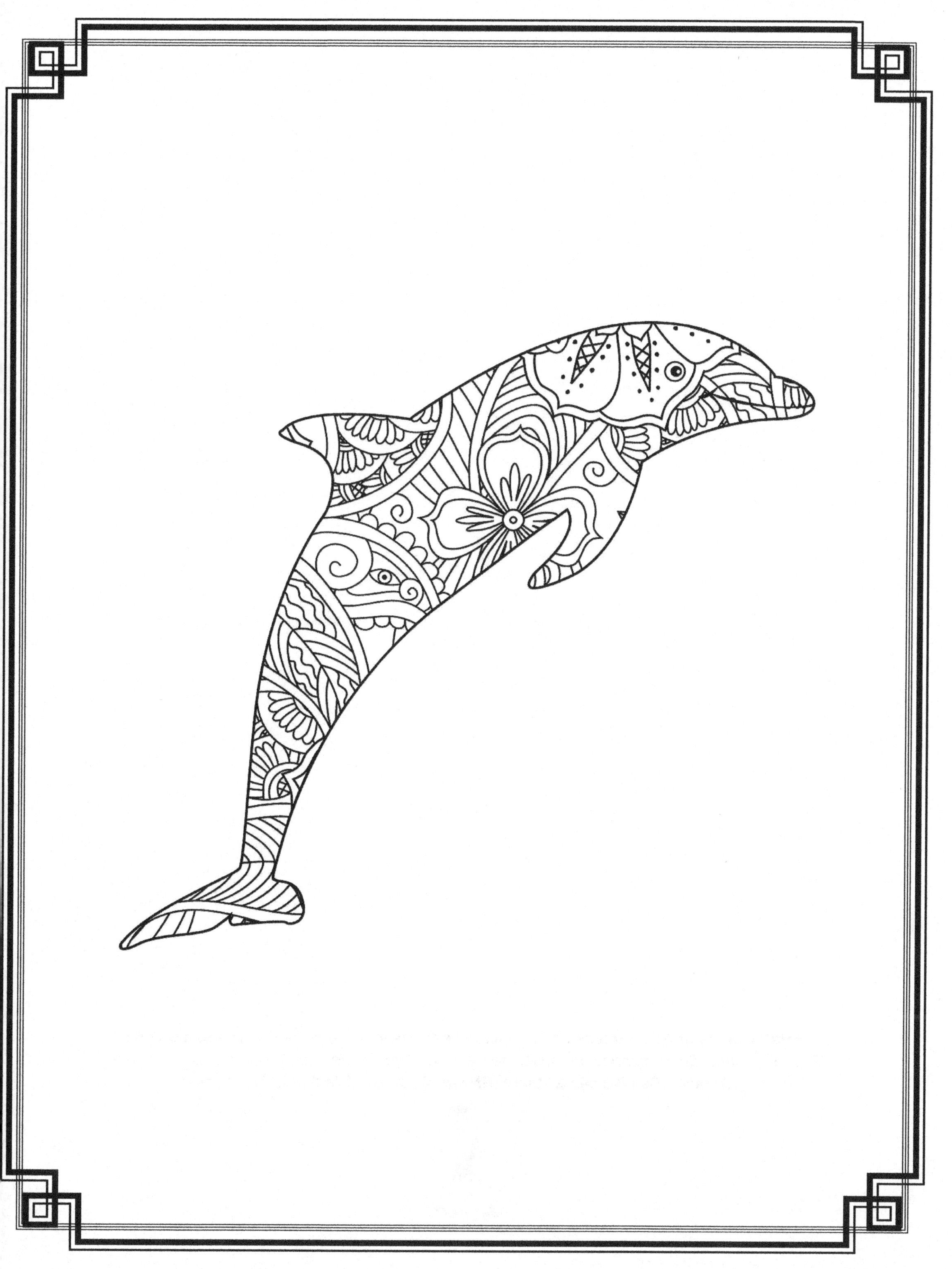

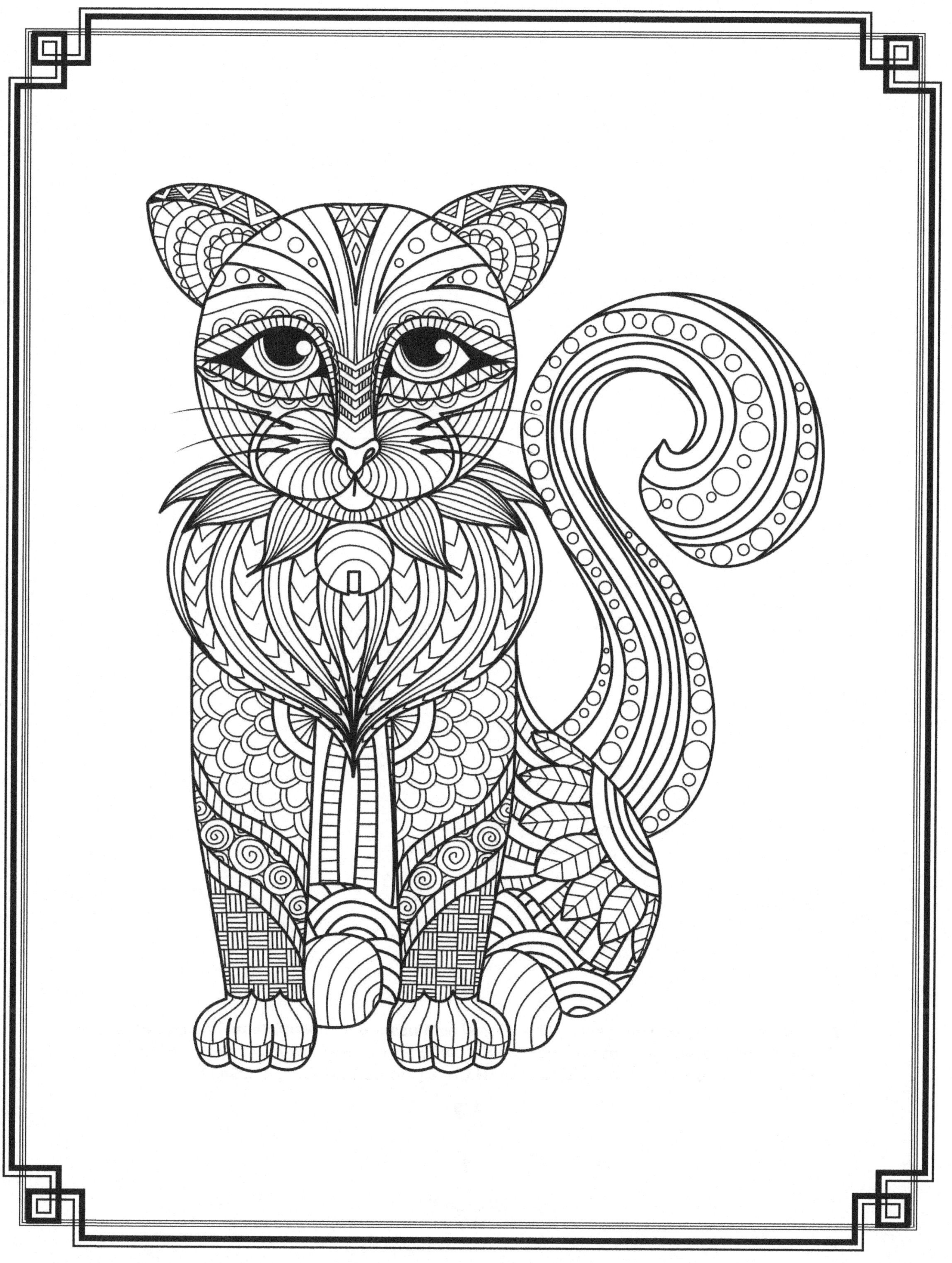

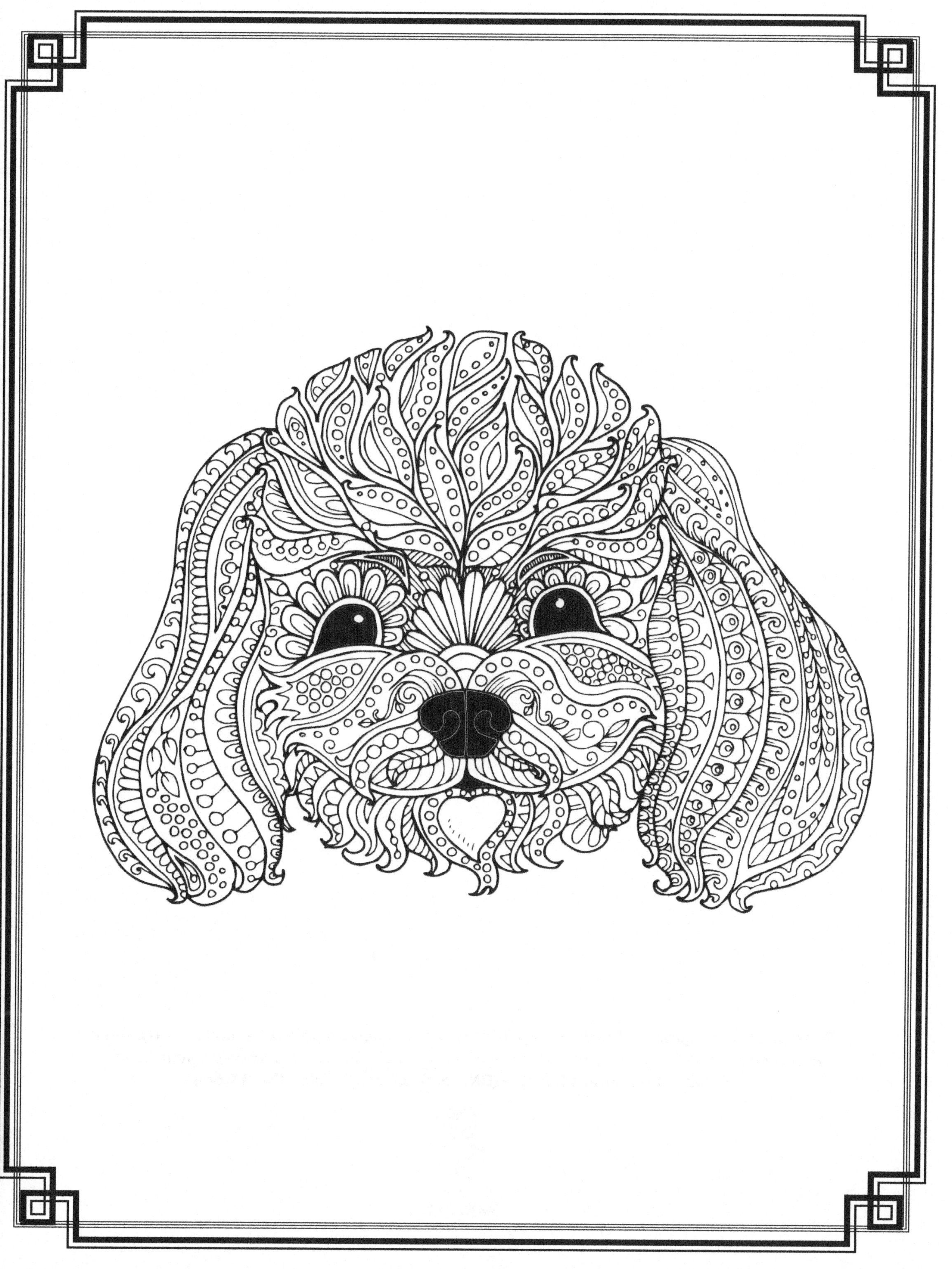

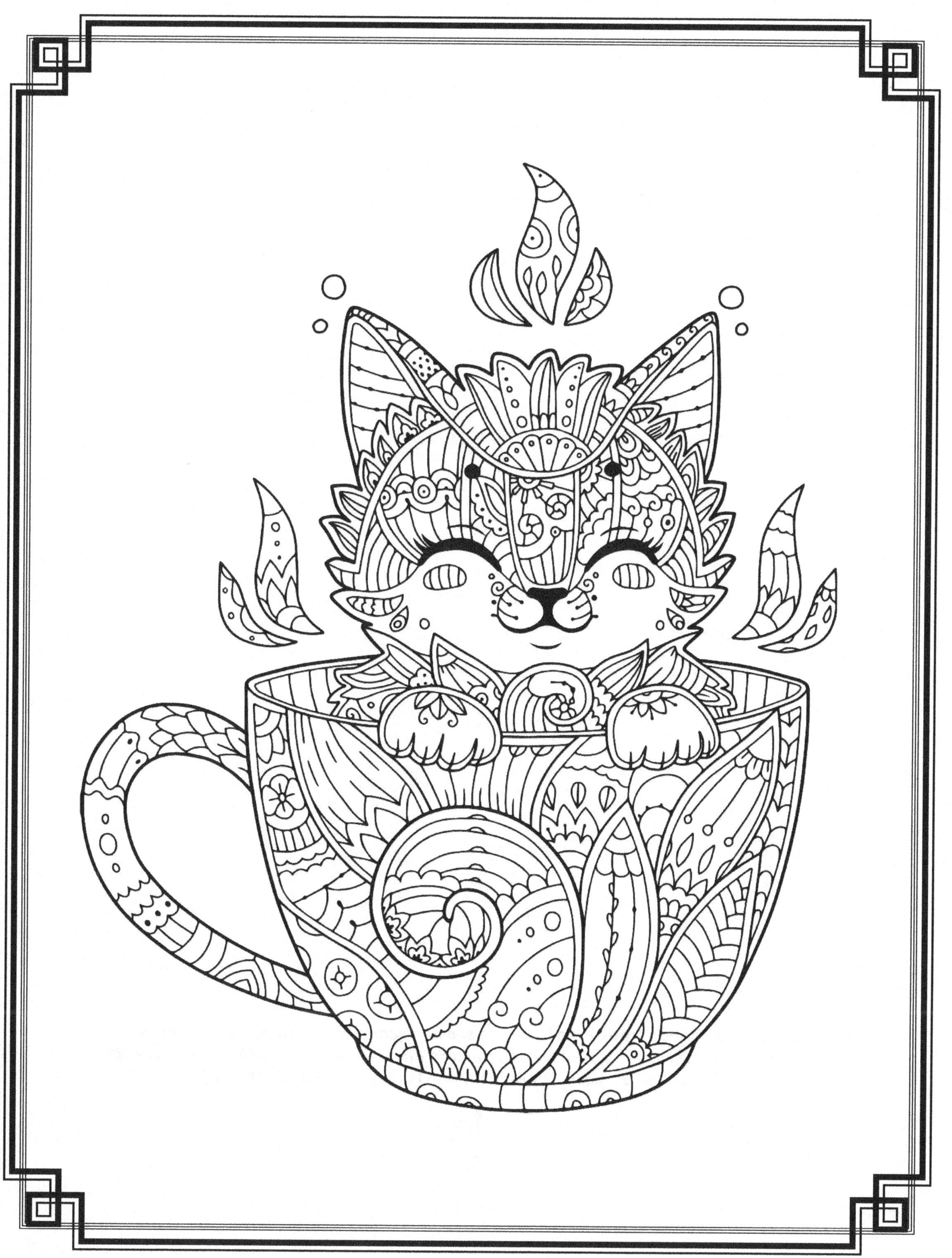

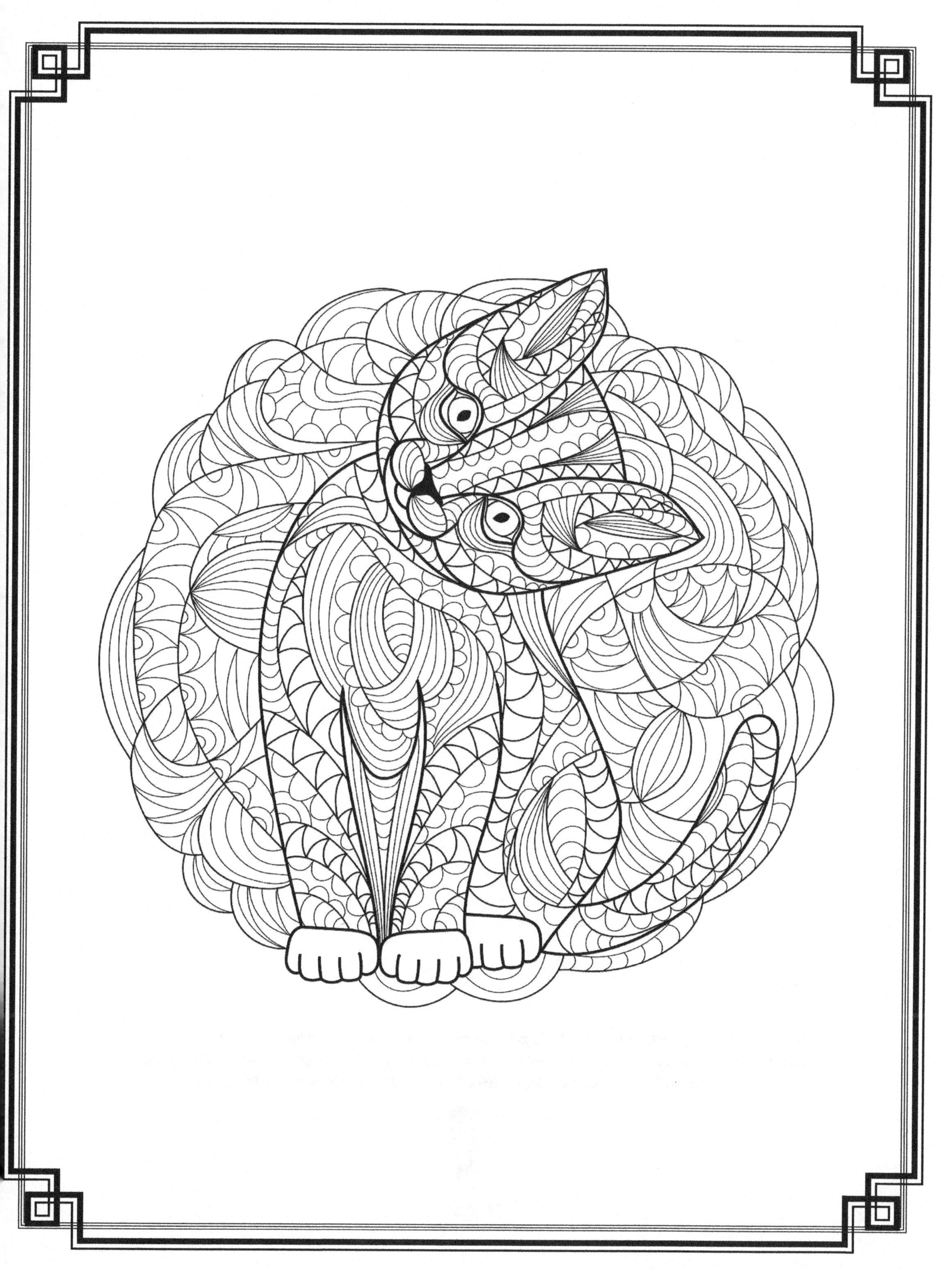

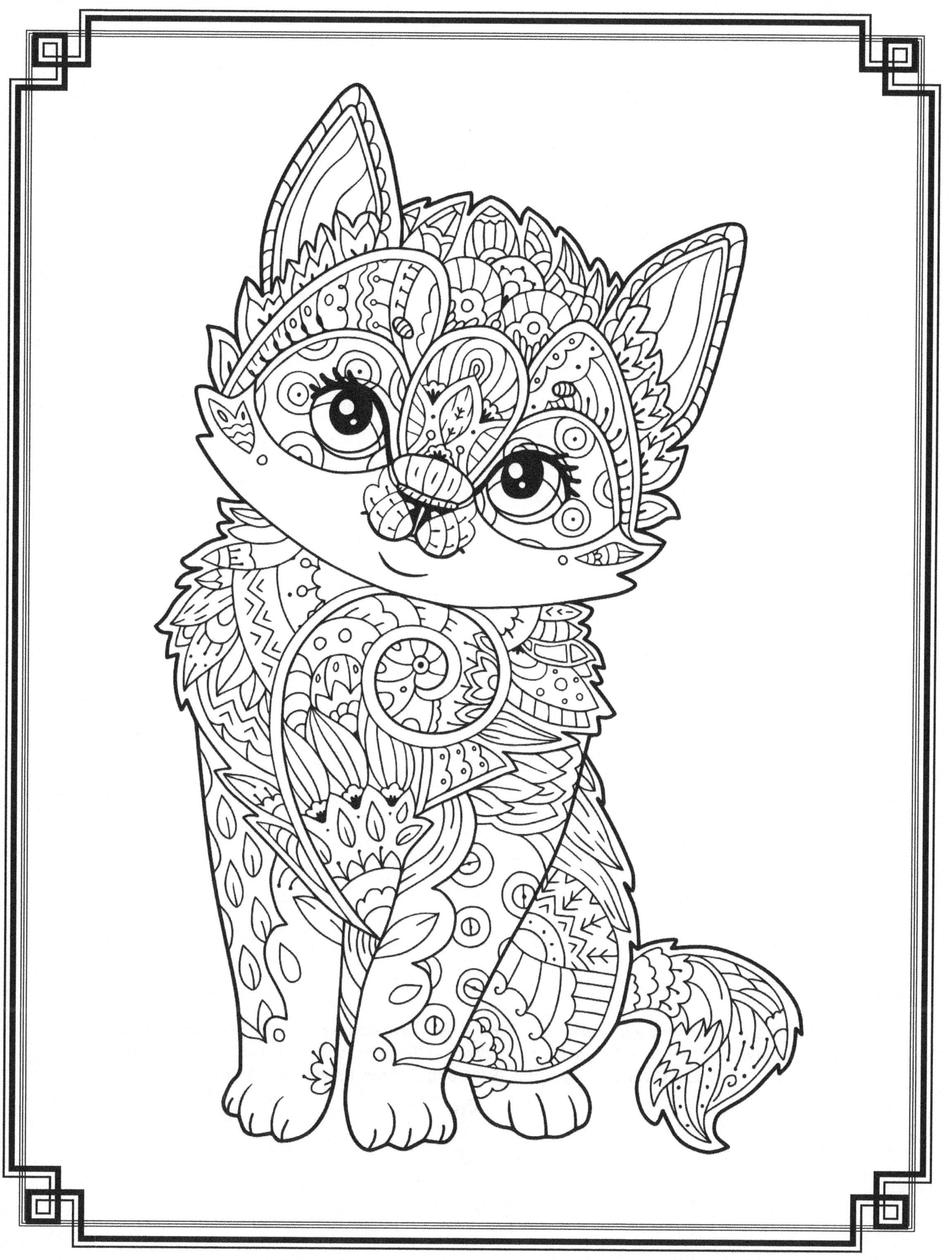

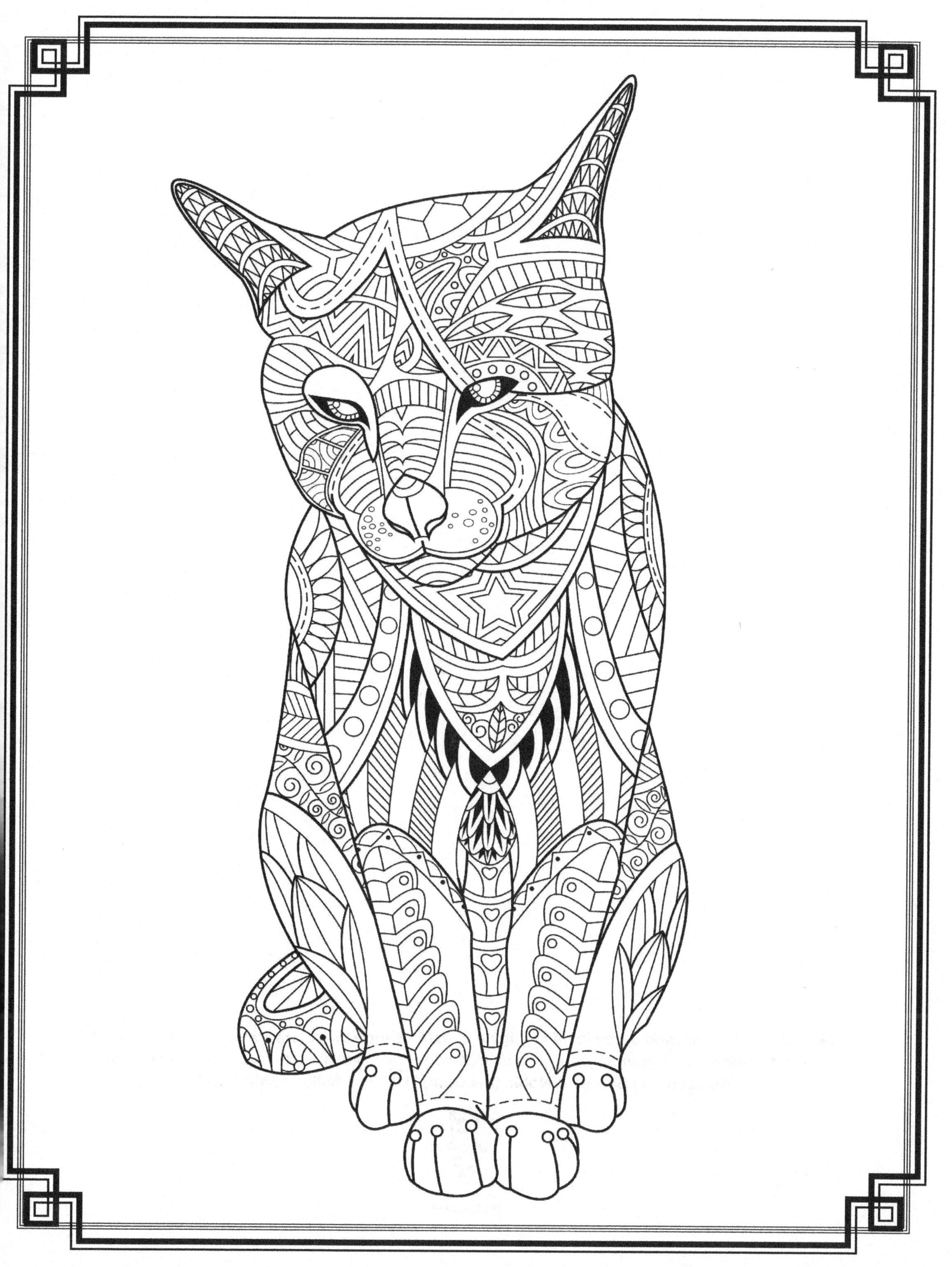

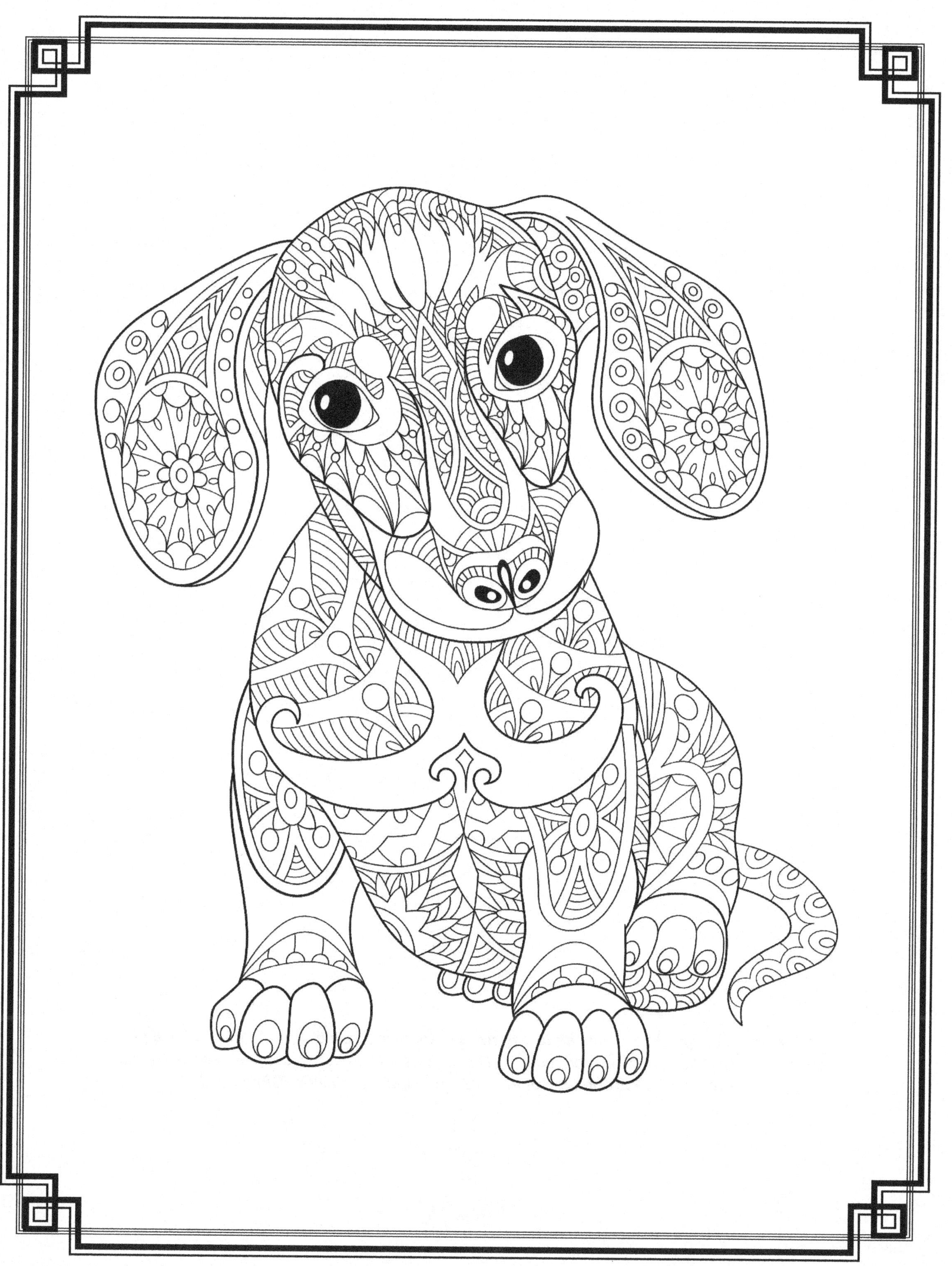

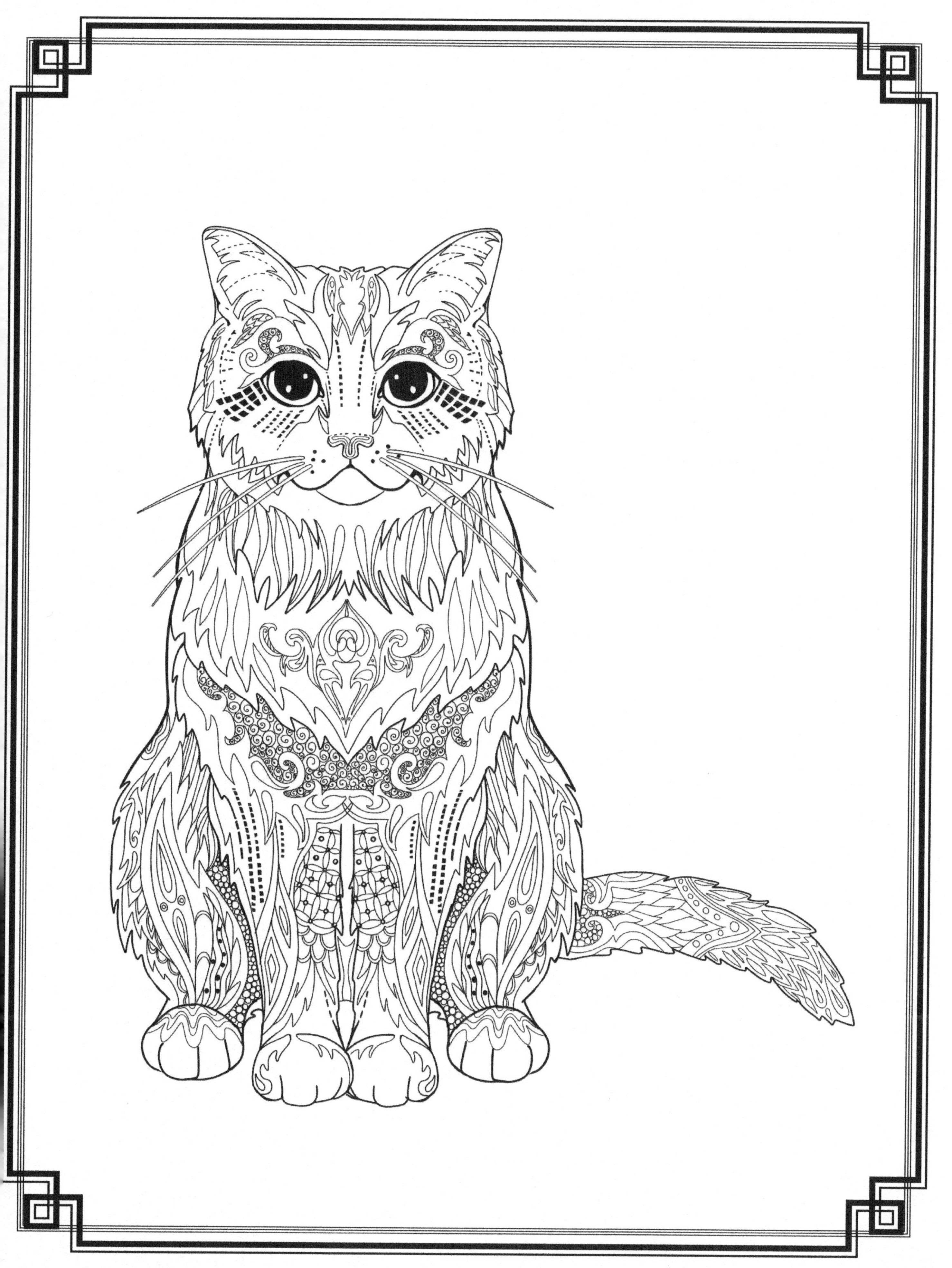

Made in the USA
Monee, IL
07 July 2026

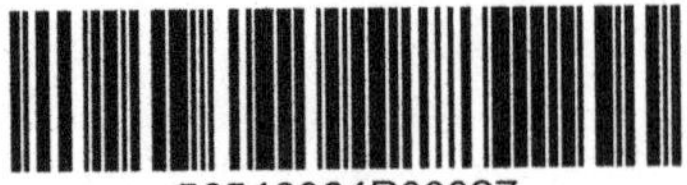

56546064R00037